国家中等职业教育改革发展示范学校建设项目成果
国家中等职业教育改革发展示范学校建设系列教材

仓储实务

CANGCHU SHIWU

杜艳红　夏宇阳　王利蓉◎主　编
黄　海　夏梦丹　伏玲暇◎副主编

西南交通大学出版社
·成都·

图书在版编目（CIP）数据

仓储实务 / 杜艳红，夏宇阳，王利蓉主编. —成都：西南交通大学出版社，2014.3
国家中等职业教育改革发展示范学校建设系列教材
ISBN 978-7-5643-2914-3

Ⅰ. ①仓… Ⅱ. ①杜… ②夏… ③王… Ⅲ. ①仓库管理－中等专业学校－教材 Ⅳ. ①F253.4

中国版本图书馆 CIP 数据核字（2014）第 027327 号

国家中等职业教育改革发展示范学校建设系列教材

仓储实务

主编 杜艳红 夏宇阳 王利蓉

责任编辑	孟苏成
封面设计	墨创文化
出版发行	西南交通大学出版社 （四川省成都市金牛区交大路 146 号）
发行部电话	028-87600564 028-87600533
邮政编码	610031
网址	http：//press.swjtu.edu.cn
印刷	四川川印印刷有限公司
成品尺寸	185 mm × 260 mm
印张	10
字数	245 千字
版次	2014 年 3 月第 1 版
印次	2014 年 3 月第 1 次
书号	ISBN 978-7-5643-2914-3
定价	23.00 元

四川交通运输职业学校
国家中等职业教育改革发展示范学校建设
系列教材编写委员会

主　任　李　青

副主任　周　萍　刘有星　黄　霞

委　员（排名不分先后）

朱博明　张秀娟　王新宇　刘新江

柏令勇　张定国　夏宇阳　周永春

陈　辉　钟　声　杨　萍　熊　瑛

陈勃西　黄仕利　袁　田　杨二杰

晏大蓉（四川兴蜀公路建设发展有限责任公司）

钟建国（四川省国盛汽车销售服务有限责任公司）

杜　华（四川省杜臣物流有限公司）

冯克敏（成都市新筑路桥机械股份有限公司）

总　序

中等职业教育是我国教育体系的重要组织部分，是全面提高国民素质、增强民族产业发展实力、提升国家核心竞争力、构建和谐社会以及建设人力资源强国的基础性工程。为大力推进中等职业教育改革创新，全面提高办学质量，2010—2013 年，国家组织实施中等职业教育改革发展示范学校建设计划，中央财政重点支持 1 000 所中等职业学校改革创新，我校是第二批示范校建设单位之一。在近两年的示范建设过程中，我们与西南交通大学出版社合作开发了 28 本示范建设教材，且有 17 本即将公开出版，这是我校示范校建设取得的重要成果，也是弘扬学校特色和品牌的很好载体。

呈现在大家面前的这套系列教材，反映了我校近年教学科研工作的阶段性成果。从课程来源看，不仅有学校 4 个重点建设专业（道路与桥梁工程施工专业、汽车运用与维修专业、物流服务与管理专业、工程机械运用与维修专业）的课程，也有公共基础课程；从教材形态看，又可以分为两类：一是以知识性内容为主、兼顾实践性活动、培养学生综合素质的理实一体化教材；二是以学生实践为主的实训操作手册。教材的编写过程倾注了编者大量的心血，融入了作者独到的见解和心得，更是各专业科室集体智慧的结晶。

这套教材的开发，在学生学习状态分析的基础上，根据技能型人才培养的实际需要，积极实现职业岗位与专业教学的有机结合。这 17 本教材比较准确地把握了专业课程的特征，具备了一定的理论水平，突出了实践性、活动性，符合新课程理念，对我校课程建设将会产生深远的影响，对学生全面健康成长也会产生积极的作用，对创新中职学校人才培养模式与课程体系改革将起到引领和示范作用。

在内容上，这套教材有如下特点：一是对于基础知识教学以“必需、够用”为度，以讲清概念、强化应用为教学重点。二是根据职业岗位需求，基于工作过程为线索来组织写作思路。三是方法具体，基本技能可操作性强。四是表达简洁，图文并茂，形式生动活泼，学生易于理解、掌握和实践。

由于时间紧迫，编者理论和实践能力水平有限，书中难免存在一些不足和缺点，需要进一步修改、完善和充实。我们希望老师和同学们提出宝贵意见，希望读者和专家给予帮助指导，使之日臻完善！

四川交通运输职业学校
国家中等职业教育改革发展示范学校建设
系列教材编写委员会
2014 年 2 月

前　言

仓储是现代物流的一个重要环节，仓储管理技术高低将影响整个物流的效率。在编写过程中，我们经过了充分的市场调研，融合了理论联系实际、校企合作、工学结合等符合现代职教模式的先进教学方法，并依据企业的实际要求和职业资格标准，在结合相关教学设施设备的基础上，采用了以教学情境导入来完成教学任务的过程考核模式。

全书以小张作为物流专业中职毕业生为实际情境，引入小张所需要了解的仓储企业认知，熟悉仓储作业的设施设备，再进入仓储的入库、在库和出库作业的基础环节，最后再进行安全作业实训和外出企业培训学习。整个思路符合物流企业的用人流程，让学生能充分体会到作为仓储作业人员，需要掌握和学习的理论知识和实践技能，能充分激发学生的学习主动性。

由于编者水平所限，加之编写时间仓促，书中定有疏漏及错误，敬请专家、读者批评指正。

编　者

2014 年 1 月

目　录

学习任务一　仓储企业认知

一、学习任务描述

<table>
<tr><td>任务名称</td><td>货物入库作业</td><td>任务编号</td><td>1</td><td>课时</td><td>12</td></tr>
<tr><td>学习目标</td><td colspan="5">1. 了解本区域仓储企业的现状；
2. 了解仓库及仓储管理的相关知识；
3. 了解仓储历史及发展趋势；
4. 了解熟悉现代物流仓储企业的作用及作业流程</td></tr>
<tr><td>学习内容</td><td colspan="5">1. 了解本区域仓储企业种类；
2. 了解本区域仓储企业的特点；
3. 了解本区域仓储企业存在的问题</td></tr>
<tr><td>考评方式</td><td colspan="5">本任务100分，通过实操1（30%）、实操2（20%）、实操3（20%）、实操4（30%）得出最后总分</td></tr>
<tr><td>教学组织方式</td><td colspan="5">1. 理论准备；
2. 实践操作；
3. 工作页；
4. 评价与反馈</td></tr>
<tr><td>情境问题</td><td colspan="5">小张是一名中职毕业生，他来到成都蚂蚁物流公司应聘仓储管理员职位，公司人事部经理问：“什么是仓储管理？仓储管理需要承担什么工作？作为仓储管理人员需要应知应会哪些基本知识技能？”
面对提问，小张该如何回答呢？</td></tr>
</table>

二、理论准备

1. 仓储型物流企业一般组织结构介绍

“仓”即是仓库，是用以存放物资的场地和建筑物；“储”即是储存，表示收存物资以备使用；“仓储”即是利用仓库存放、保管物资的一种行为。仓储型物流企业是以仓储服务功能为主要特征，并向物流服务其他功能延伸的物流企业。

企业组织结构是企业组织内部各个有机构成要素相互作用的联系方式或形式，以求有效、合理地把组织成员组织起来，为实现共同目标而协同努力。

仓储型物流企业一般组织结构如图 1.1 所示。

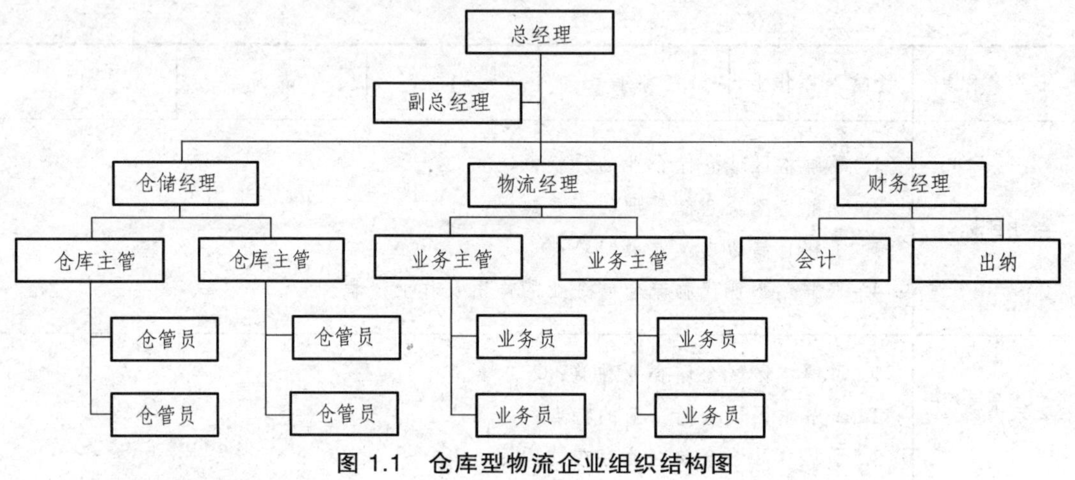

图 1.1　仓库型物流企业组织结构图

2. 仓储企业的作用

仓储企业的作用包括输送、保管、配送、理货等。发展的趋势是连接起销售，将货主与物流中心两者结合在一起，已经成为现代化大生产和国际、国内商品货物的流转中一个不可或缺的节点。传统的仓储企业是从事储藏、保管货物等商业营业活动的企业。图 1.2 所示为各种仓库形态。

图 1.2　各仓库形态

3. 仓储型物流企业应具备哪些条件

仓储型物流企业应同时符合以下要求：

（1）以从事仓储业务为主，为客户提供货物储存、保管、中转等仓储服务，具备一定规模。

（2）企业能为客户提供配送服务以及商品经销、流通加工等其他服务。

（3）企业自有一定规模的仓储设施、设备，自有或租用必要的货运车辆。

（4）具备网络化信息服务功能，可应用信息系统对货物进行状态查询、监控。

4. 本区域仓储企业种类

（1）自营性仓储企业：自营性仓储企业直接控制和负责产品，直到客户得到产品。优点：能给消费者一种持久和连续的商业运作的感觉，客户把公司作为稳定的、可依赖和持续的产品供应商。缺点：涉及较高的成本，仓库建设周期长，而且由于其定制化的设计，投资风险较大。雇员的雇佣和培训以及物料托运设备的购买使得启运成本高，自营性仓储企业的经营缺乏灵活性。

（2）营业性仓储企业：营业性仓储企业通过出租属于自己的仓库或一定数量的库位进行经营。

优点：可满足多个客户服务，收取相应费用，雇员成本降低，设备利用度提高，提供专业化仓储服务。经营也更具有灵活性，可根据客户需要提供定制化仓储服务。缺点：在一定程度上受地域限制；个性化仓储服务有待提高；计算机终端和系统急需改进；企业与客户需要建立信息快速通道。

5. 本区域仓储企业的特点

（1）国有仓储企业与民营仓储企业共存，竞争激烈。

（2）先进的仓储技术、信息技术不断得到应用；仓储企业数目众多，库存拥挤和仓库闲置并存。

（3）随着城市化进程城镇扩大，仓储企业的经营日趋困难。

6. 本区域仓储企业存在的问题

（1）仓储服务功能过于单一。
（2）自动化仓库使用率偏低。
（3）仓储管理水平相对低下。
（4）仓储管理人员素质不达标。

7. 本区域仓储企业的发展趋势

随着科学技术的日益发展，全球经济一体化程度日新月异，仓储管理将呈现新的发展趋势。其主要表现是：

1）实现“零库存”管理

目前，“零库存”的概念已为我国越来越多的企业所接受。零库存并不是等于不设库存，而是对某一企业或组织来说，把自己库存向上转移给供应商或向下转移给零售商，以实现自己的零库存。在科学技术发展的今天，零库存是完全可以实现的。例如丰田公司的准时制生产方式完全有效地消除了库存，实现了零库存。从物流运动合理化的角度来研究问题，零库存概念应包含两层意义：一是库存对象物的数量趋于零或等于零（即近乎于无库存）；二是库存设施、设备的数量及库存劳动耗费同时趋于零或等于零（即不存在库存活动）。而后一种意义上的零库存，实际上是社会库存结构的合理调整和库存集中化的表现，就其经济而言，它并不来自通常意义上的库场物资数量的合理减少。

2）整合化管理

整合化管理就是指把社会的仓储设施，各相关供应商、零售商、制作商、批发商，甚至客户的仓储设施进行整合，以达到企业库存管理的优化。也就是说在供应链管理的框架下，实行仓储管理，把相关仓储管理的作业或设施进行重建。

供应链管理下的仓储管理，能够在动态中达到最优化这一目标，在满足顾客要求的前提下，争取尽最大努力降低库存，从而可以提高供应链的整体效益。

3）计算机化与网络化管理

计算机具有高强度记忆功能，能把负责的仓储管理工作进一步简化并大大提高效率；它具有准确计算能力，可以对临时变化进行应对，对临时需要进行适时处理。因此，计算机已经成为库存控制信息系统的核心，作为对各项管理业务发出企业指令的指挥中心。

8. 仓库平面布置

1）定　义

仓库平面布置指对仓库整体按照不同的要求分割成的各个组成部分，如存货区、入库检验区、出库准备区、流通加工区、配送备货区、通道以及行政办公区等，在规定范围内进行平面和立体的合理安排。

合理的仓库平面布置，可以实现提高仓储作业效率、提高仓储质量、降低仓储成本等目标，对仓储企业或企业的仓储作业至关重要。

2）影响仓库平面布置的因素

因素一：物料易验收；
因素二：物料易进仓；
因素三：物料易储存；
因素四：在仓库内容易作业；
因素五：物料易出仓；
因素六：物料易搬运；
因素七：物料易盘点；
因素八：仓储适合且安全；
因素九：有货仓扩充的弹性和可能性。

对于总体平面布置来说，应该考虑以下要求：

（1）仓库区要和生产现场靠近，保证通道的顺畅，利于作业人员及机械作业。
（2）每个仓区要有相应的进仓门和出仓门。
（3）货仓要尽可能设置在仓区附近，利于办公人员单证等交接。
（4）根据物料的性质、进出库频率等划分仓位，并用不同的颜色标记。
（5）规划时要考虑消防设施、救生措施。
（6）仓库的入口必须要贴有《仓库平面布置图》。

3）物料堆放的原则

（1）尽可能多利用空间，尽量采取立堆式方式。
（2）通道要适当的宽度，适合企业选择的机械作业要求，并保持装卸空间。
（3）根据物料的性质、价值、形状等考虑采用何种堆放形式。
（4）物料的仓储要考虑物料的“先进后出”。
（5）堆放在容易识别、检查的地方。

三、实践操作

1. 实验说明

本任务共包括实训项目 4 个，共计 100 分，实操说明如下：

实操课内容	所占课时	实训地点	所占评分	考核形式
实操 1：物流企业仓库参观	2	成都一家物流企业	30	理论测试（30）
实操 2：观看物流企业仓库参观视频	2	物流实验室	20	分析报告（30）
实操 3：物流园区调研	2	成都一个物流园区	20	调研报告（30）
实操 4：模拟组建仓储企业仓库部门	4	物流实验室	30	模拟竞选演讲（20） 总结体会（10）

2. 实践操作 1

（1）实践说明：参观体验 2～3 个企业仓库，包括传统仓库和现代仓库，完成参观报告，包括仓库布置、仓储设备和作业流程等。

（2）实践准备。

① 全班分成若干组，每组设置一名组长。

② 每位同学带上笔和笔记本。

③ 老师带队。

（3）操作步骤。

① 教师组织学生到一家企业的传统仓库进行参观体验，明确任务。

② 每组学生为一个单位，记录了解到的该企业的组织结构、仓库的布置、仓库的设施设备、在仓储工作的流程等方面的内容。

③ 教师组织学生到一家企业的现代仓库进行参观体验。

④ 每组学生为一个单位，记录了解到的该企业的组织结构、仓库的布置、仓库的设施设备、在仓储工作的流程等方面的内容。

⑤ 参观完成后要求学生选择一家参观的企业画出结构图，完成参观报告，包括仓库布置、仓储设备和工作流程等。

（4）物流公司简介。

参观的物流企业有蚂蚁物流有限公司、四川物流产业股份有限公司、杜臣物流有限公司等（根据实际情况作出调整），以下以蚂蚁物流有限公司为实例作一简介。

① 公司简介。

成都蚂蚁物流有限公司成立于 1996 年 11 月 8 日，十年来经过全体员工的共同努力，现已迅速发展成拥有各型车辆 700 余辆，整合资源车辆近千辆，拥有近 3 000 名员工，先后在昆明、贵阳、西安、武汉、济南、青岛、重庆、深圳、石家庄、广州、南京、北京等地成功开设多家子（分）公司，成为集公路、铁路、航空运输等业务于一体的大型物流企业，专门提供物流、搬家搬运、快递、城市配送、仓储货运、多式联运、包装、流通加工、展览展示、信息处理等供应链（SCM）为一体的大型专业的综合型物流服务。

蚂蚁物流基地的仓库主要出租给企业。企业需要货物时，就从这里调运。蚂蚁物流的仓库为板房结构，可以减少固定资产的投入，获得更高的利润，利于通风，空间伸展性好，易于拆卸。仓库修有自动化卸货平台，便于机械操作。

图 1.3

蚂蚁物流有限公司组织结构描述如下：

公司设有总经理、副总经理、仓储部经理、财务部经理、行政部经理、物流经理职位。仓储部经理下有仓储 1 主管、仓储 2 主管，各主管下有 5 名仓储员；财务部经理下有会计、出纳人员；行政部经理下有行政主管，主管下有 2 名行政专员；物流经理下有 1 名业务主管，业务主管下有多名业务员。

根据对公司组织结构的描述，画出其组织结构图。

② 仓库布置。

参观公司后根据仓库具体的布置现状，画出仓库平面布置图，应包含如下基本仓库布置要素：暂存区、分拣区、辅助区（工具存放区）、货架布置及货位、通道等。

③ 仓储设备。

公司仓储机械设施完备，有叉车、货架、传输带、自动化卸货平台。

画出公司仓库拥有的仓储设备示意图，比如手推叉车、货架及其货位编号、传输带等设备。

④ 仓管工作流程。

根据企业仓库管理员的作业流程，画出工作流程图。

（5）实践要求及注意事项。

学生外出进行企业参观，必须听从指挥，遵守纪律，注意交通安全，并表现出合乎要求的礼节，维护学校形象。不能随意操作企业设备。

3. 实践操作 2

（1）实践说明。

观看录像，了解仓库内部的布局和工作环境，作出分析对比报告。

（2）实践准备。

① 老师准备一段视频。

② 老师组织学生到指定地点观看视频。

③ 每位学生要准备笔和笔记本。

（3）操作步骤。

① 老师组织学生到指定的教室观看“义乌纳彩日用品有限公司仓库”视频。

② 老师对视频进行解说，指出重点。

③ 每位学生观看视频了解该企业仓库的内部布局和工作环境并做好记录。

④ 在观看视频结束后，和实际参观的某一仓库进行对比，写出不同之处（包含仓库布置、仓储设备不同之处等内容）和观后感，作出分析对比报告。

不同之处：____

____

观后感：____

____

（4）实践要求及注意事项。

要求每位学生必须有过程记录；分析报告必须包含对两家公司的对比分析；学生有任何疑问须记录下来，观看结束后向老师询问。

4. 实践操作 3

（1）实践说明。

了解成都市物流产业发展规划，并选择相应物流园区进行调研，书写调研报告。

（2）实践准备。

① 全班学生分成若干组，每组设一名组长。

② 每位同学带上笔和笔记本。

③ 以组为单位完成调研报告。

④ 老师带队。

（3）操作步骤。

① 老师讲解成都市物流产业发展规划报告、成都物流产业规划布局，学生做记录。

② 教师组织学生到一个物流园区进行调研。

③ 每组学生为一个单位，记录了解到的物流园区的整体规划及园区内几家物流企业的仓储工作流程、仓库组织结构等方面的内容。

④ 以小组为单位整理调研记录，总结企业的共性和不同点，并写出书面调研报告。在书面调研报告中，可适当附加一些单据、图片等能支撑结论论点的资料。

（4）实践要求与注意事项。

学生外出进行物流园区调研，必须听从指挥，遵守纪律，注意交通安全，并表现出合乎要求的礼节，维护学校形象。

5. 实践操作 4

（1）实践说明。

通过对模拟仓储企业仓库部门的组建，掌握仓储企业仓库部门的基本组成形式，并通过相应岗位的竞争上岗，了解岗位的任职要求和工作职责，为后续内容的学习打下基础。

（2）实践准备。

① 学生分成 3 组，每组设一名组长。

② 学生带好笔和笔记本。

③ 老师进行模拟现场指导。

（3）操作步骤。

① 确定模拟公司仓库的组织结构，组织结构图如图 1.4 所示：

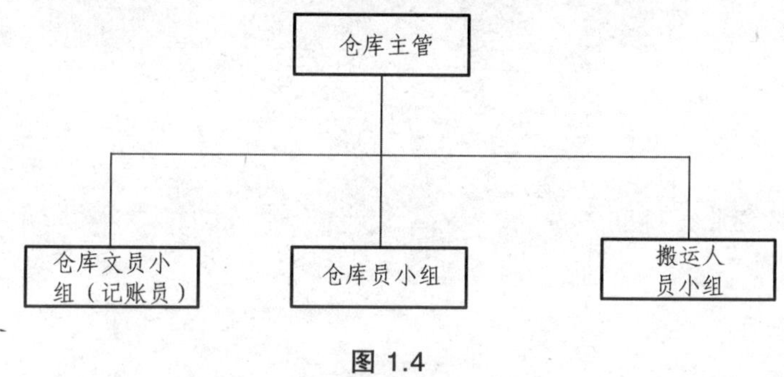

图 1.4

② 老师讲解各职位人员的职责和对人员素质的要求，要求学生掌握相关内容（各职位人员的职责和对人员素质的要求见附件一）。

③ 老师讲解模拟组建的流程：首先进行仓库主管职位的竞选，再是各小组组长的竞选，竞选方式是演讲。

④ 竞选仓库主管职位：各小组通过内部竞争推选一名成员，共推选出 3 名。这 3 名同学通过讲解自己对仓库主管职位的理解，对主管工作的规划等内容，然后让其余学生投票，票数最多者即为仓库主管。

⑤ 竞选小组组长职位：老师分别命名各小组为仓库文员小组、仓库员小组、搬运人员小组。各小组通过小组内部推荐 2 ~ 3 名同学参加竞选，按照票数推出各组组长，即为仓库文员组组长、仓库员组组长、搬运组组长。

⑥ 模拟结束后，学生写出总结体会。

（4）实践操作要求及注意事项。

学生必须保持模拟课堂的纪律良好，并听从老师的指导。

四、工作页

1. 你认为仓储是做什么的？

2. 仓储企业的作用？仓储存在的必要性？

3. 你觉得仓储存在于哪些企业？

4. 本区域仓储企业有哪些类型？

5. 请在网上搜索了解以下公司

- http：//www.huier56.com/
- http：//www.sh-pxcc.com/
- http：//www.giessen.com.cn/free/Html/Main.asp
- http：//www.shanghaixingli.com/
- http：//www.qy6.com/qyml/compshenji1977.html
- http：//www.shuangyi56.com/index1.htm
- http：//www.hyonline.com.cn/index.jsp

6. 多项选择

① 仓储在物流系统中的作用包括（　　）。

A. 降低生产成本　　B. 降低运输成本

C. 调节供需　　D. 管理商品

E. 满足生产和销售的需要

② 本区域仓储型企业种类（　　）。

A. 自营性仓储企业　　B. 营业性仓储企业

C. 专营性仓储企业　　D. 个性化仓储企业

③ 本区域仓储企业的发展趋势（　　）。

A. 实现零库存管　　B. 整合化管理

C. 柔性化管理　　D. 智能化管理

E. 计算机化与网络化管理

7. 请思考：现代仓储与传统仓储有哪些区别？

8. 仓储型物流企业应具备符合哪些条件呢？

9. 你知道国内外有哪些知名的仓储型物流企业吗？

五、评价与反馈

本实践操作成绩=实操 1 得分+实操 2 得分+实操 3 得分+实操 4 得分。

1. 实践操作 1

考评人		被考评人	
考评地点			
考评内容	参观企业仓储，完成参观报告		
考评标准	具体内容	分值/分	实际得分
	组织结构图绘制准确，整洁，清楚	5	
	仓库布置绘制全面，标准	7	
	仓储设备绘制全面，整洁，正确	6	
	作业流程绘制正确，全面	7	
	参观过程记录表现良好，仪态合乎要求，认真听讲解	5	
合　计		30	

附：扣分规则

（1）参观过程中没记录（扣 2 分）。

（2）组织结构图绘制错误（酌情扣 1～5 分）。

（3）仓库布置图绘制不全面，不标准（扣 2～7）。

（4）仓储设备绘制不全面（酌情扣 1～6 分）。

（5）作业流程图绘制不正确（酌情扣 1～7 分）。

（6）参观过程不听从老师指导，纪律较差（扣 5 分）。

2. 实践操作 2

考评人		被考评人	
考评地点			
考评内容	分析对比能力		
考评标准	具体内容	分值/分	实际得分
	观看过程认真、有过程记录	4	
	能和实际参观的仓库做对比，内容丰富	6	
	观后的体会描述全面，有自己的见解	6	
	参观过程纪律表现良好	4	
合　计		20	

附：扣分规则

（1）观看过程纪律较差，不听老师指挥（酌情扣 1～4 分）。

（2）观看过程没有做记录（扣 4 分）。

（3）观看分析总结内容较少，卷面不整洁（扣 0.5～4 分）。

3. 实践操作 3

考评人		被考评人	
考评地点			
考评内容	企业调研能力		
考评标准	具体内容	分值/分	实际得分
	调研记录内容全面、准确性高	5	
	调研报告及时，认真	5	
	调研过程纪律表现良好，着装、仪态、礼节合乎要求	4	
	调研报告内容全面，深刻	6	
合　计		20	

附：扣分规则

（1）调研报告内容不全面（扣 0.5～3）。

（2）调研的书面总结递交延迟（扣 2～3）。

（3）调研过程纪律较差，不听老师的指挥（扣 0.5～4）。

4. 实践操作 4

考评人		被考评人	
考评地点			
考评内容	仓储企业岗位认识能力		
考评标准	具体内容	分值/分	实际得分
	参与活动的积极性高	5	
	掌握岗位的职责、素质要求	6	
	提交总结及时、总结中对岗位职责的理解到位	10	
	过程纪律表现良好	4	
	团队合作和谐	2	
	有发言，发言精彩	3	
合　计		30	

附：扣分规则

（1）参与过程不听老师指挥（扣 0.5～2 分）。

（2）岗位职责了解不清楚（扣 1～4 分）。

（3）岗位素质要求不清楚（扣 1～4 分）。

（4）团队合作不和谐，出现吵架等现象（扣 0.5～2 分）。

（5）过程不积极，不严肃（扣 0.5～2 分）。

（6）提交总结不及时（扣 0.5～2 分）。

学习任务二　仓储从业人员职业素质培养

一、学习任务描述

<table>
<tr><td>任务名称</td><td>仓储人员素质培养</td><td>任务编号</td><td>2</td><td>课时</td><td>6～8</td></tr>
<tr><td>学习目标</td><td colspan="5">1. 掌握仓储人员的从业素质；
2. 了解仓储人员的基础职责；
3. 熟悉仓库管理制度和作业规范；
4. 熟悉仓储管理业务，具有基础的业务知识水平</td></tr>
<tr><td>学习内容</td><td colspan="5">1. 仓管员的主要职责；
2. 仓管员应具备的基础素质和技能；
3. 制造型企业的仓库管理原则；
4. 商品包装常用的标志；
5. 物料摆放的6条原则</td></tr>
<tr><td>考评方式</td><td colspan="5">本任务100分，通过实操1（40%）、实操2（20%）、实操3（40%）得出最后总分</td></tr>
<tr><td>教学组织方式</td><td colspan="5">1. 理论准备；
2. 实践操作；
3. 工作页；
4. 评价与反馈</td></tr>
<tr><td>情境问题</td><td colspan="5">小张成功应聘上了仓储作业人员的职位，在上岗之前，公司要求小张参加为期一个月的业务培训，培训的主要内容是仓储从业人员的职业规范和职业素养。那么，小张经过这个月的培训之后，可以具备仓储从业人员的基础能力和职业素养吗？</td></tr>
</table>

二、理论准备

1. 仓储企业的发展现状认识

随着经济的发展，物流已由少品种大批量进入多品种小批量或多批次小批量的时代。仓库在现代物流作业中扮演着非常重要的角色。仓储企业应充分利用已有的仓储资源的仓储社会化，提高仓储效率和仓储业分工发展的专业化功能，加速满足社会生产发展和促进物流效率提高的仓储标准化，提高仓储自身效率，实现仓储管理的现代化。

1）仓储业正在向社会化、功能化过渡

我国仓储业目前的效率低、利用率不高、作业条件差、缺乏自身发展能力，在市场经济的环境中，任何社会资源只有在市场中自由交换才能充分体现其价值，也只有在自由交换体制的激励之下，才会更好地发挥其创造性。仓储业需要以“产权明晰、权责明确、整齐分开、管理科学”为原则进行现代化改造，建立科学的企业治理结构，成为自负盈亏、自主经营的市场竞争的主体，才能彻底改变我国仓储业的不良状况，使仓储业向更加完善的方向发展。社会分工是生产力发展的结果，又是促进生产力发展的动力。我国仓储业的技术水平和功能重复的现状，只有通过分工和专业化的发展才能得以改变。社会对仓储的需要也同对其他社会资源的需要一样，向着专业化、特殊化、功能化、个性化的方向发展。同时，仓储业内部在市场竞争中也只有通过专业化的发展，提高产品个性化的优势。

2）仓储机械化、自动化

随着生产技术的发展，生产机械化已是现代企业生产的基本要求。机械具有承重能力强、效率高、工作时间久、损害低等多种特点。仓储作业作业量大，作业环境恶劣，时间紧，存在着众多系统性安全隐患，因而仓储机械化是仓储业发展的必然。仓储企业应通过机械化实现最低的人力作业，加大企业集成度，减少人身伤害和货物损害，提高作业效率的目标。随着货物运输包装向着大型化，托盘化的发展，仓储也必然要向机械化过渡。仓储自动化是指由计算机管理控制仓库的仓储。在自动化仓库中货物仓储管理、环境管理、作业控制等仓储工作，通过住处管理、扫描技术、条形码、射频通信、数据处理等技术，指挥仓库堆垛机、传送带、自动导引车、自动分拣等设备自动完成仓储作业；自动控制空调、监控设备、制冷设备进行环境管理；向运输设备下达运输指令安排运输等；并同时完成单证、报表的制作和传递。对于危险品、冷库暖库、粮食等特殊仓储，都有必要采取自动化控制的仓储。

3）仓储信息化、信息网络化

对于存货品种繁多、存量巨大的物流与配送中心，要提高仓库利用率，保持高效率的存货流转，实施景区的存货控制，没有计算机的信息管理和处理是不可能实现的。仓储信息化管理包括：对账目处理、结算处理，提供实时的查询；进行货位管理、制作各种单证和报告表，进行存量控制，甚至于进行自动控制等。可以说，仓储要实现提高效率、降低损耗，从而降低成本就必须实现信息化。仓储是物流的节点，是企业存货管理的核心环节。企业生产、

经营的决策需要仓储及时地把存货信息反馈给管理部门，在充分掌握物品的存量，储备、存放地点，消费速度的情况下，才能够进行准确的生产和经营决策。高效的物流管理是建立在对物流进行控制和组织的基础之上的，要想实现高效的物流管理，就需要仓库、厂商、物流管 理者、物流需求者、运输工具之间建立有效的信息网络，实现仓储信息共享，通过信息网络控制物流，做到仓储信息网络化。

4）科学管理

仓储管理包括仓储的管理体制、治理结构、管理组织、管理方法和管理目标几个方面。根据不同的管理体制，仓储活动可以分为向社会提供仓储服务的商业仓储和为企业生产、经营服务的企业自营仓储。无论管理体制如何，仓储管理都需要进行科学化管理，是高效率的仓储。

作为一种经济活动，向社会提供服务的商业仓储也正如其他经济活动主体一样，只有在充分市场化的条件下，才能充分发展其经济价值。也就是说，商业仓储必须发展成为独立的市场经济主体，按照独立市场经济主体的要求进行现代企业制度的改造和开展科学化的现代企业管理，使仓储企业产权独立，给予企业充分的经营自主权，按照满足社会需要的原则向社会提供服务。企业以追求利润最大化为目标，为企业生产经营服务的自营仓储，应该在以企业的整体发展为目标的基础上确定仓储的地位，高度重视仓储的作用和强化对仓储的管理，合理地调配企业资源，使企业仓储部门成为企业生产和经营发展的可靠保障。仓储企业（部门）内部应实施现代企业科学管理，建立高效的组织机构，实行规章化的岗位负责制，建立有利于提高生产率的动态和奖励分配制度，实施有效和系统的职工教育培训制度，采取科学化的管理方法，培养积极向上的优秀企业文化。

5）重视对人才的培训

要重视现代化仓储工作人员的培训工作。实现仓储业现代化的关键在于科学技术，而发展科学技术的关键又在于人，没有知识，没有人才，现代化就是一句空话。要实现仓储人员的知识化、专业化，必须按现代化管理的要求，根据不同类型的仓库和工作岗位制订和实施人才培训计划，加强对仓储人员的培养、教育和提高，尽快培养出一批具有现代科学知识和管理技术、责任心强、素质高的专门从事仓储管理的干部队伍。这是实现我国仓储业乃至物流业的社会化、现代化的重要保证。

2. 仓储企业的职业岗位和基本岗位素质

（1）基础职业岗位：仓储部经理、管员、物验收员、卸员、仓管员、理货员主管、理货员、库存控制专员、维修部、清洁部、分拣员等。

（2）仓库管理员应具备的基本岗位素质：

● 工作认真，责任心强。

● 具有丰富的商品知识。掌握各种商品的分类、特性等知识，特别是对于所经营的商品要十分的熟悉，掌握其理化性质和保管要求，能有针对性地采取管理措施。

● 熟悉现代仓储技术。熟练运用储存技术、养护技术、分拣技术、信息技术等，特别是现代信息技术的熟练运用。

● 熟悉仓储设备。能合理和高效地安排使用仓储设备。

● 办事能力强。能分轻重缓急、有条不紊地处理事务。

● 具有一定的财务管理能力。能查阅财务报表，进行经济核算、成本分析，正确掌握仓储经济信息，进行成本管理，进行价格管理和决策。

3. 仓储从业人员应具备的技能

（1）对货物供应单位（公司）进行考察和选择。
（2）做好半成品入库前的准备工作。
（3）执行物料进、出的仓库管理规定，做好仓库的安全、定置、防护工作。
（4）做好仓库的日常管理和维护工作，库房的整洁、标识清晰。
（5）为生产部门提供及时、准确、合理的库存数据。
（6）熟悉业务方面的知识，即物料的特性和内部流程。
（7）填报相关发货报表出纳岗位说明书，按时提交工作总结。
（8）完成上级交办的其他任务。

4. 仓储从业人员的日常工作及定期工作

1）日常工作

（1）根据采购凭证、凭检验单收料。
（2）根据领料单及材料清单发料。
（3）凭原始凭证做好明细账出纳岗位说明书，做到日清日结。
（4）库存产品标识和防护情况检查。

2）定期工作

（1）各类仓库月报表。
（2）定期检查库位及仓库的安全与卫生。
（3）库存盘点。

5. 仓储管理人员的权限和责任

1）权　限

（1）对不符合规定的物品有权拒绝入库。
（2）对不符合公司半成品管理标准入库的产品的有否决权。
（3）对公司的库管部门的制度有监督权。
（4）对进入公司的半成品的品质有审核权。

2）责　任

（1）对进入公司仓库的半成品的质量负责。

（2）对上报的各类报表的准确性负责。

（3）对提交的半成品质量的正确性负责。

6. 仓储从业人员基本能力和个人基本素质

基本能力	个人基本素质
沟通能力	良好的身体素质
问题处理能力	良好的心理素质，能够承受工作压力
语言表达能力	吃苦耐劳、积极主动的精神
语言写作能力	拥有很强的责任感
学习能力	认真仔细
管理、计划、组织、执行能力	勤奋努力
协调能力	安全意识
风险控制能力	为人诚恳、踏实稳重
谈判能力	原则性强
处理突发事件的能力	效率意识
充分计划和利用时间能力	
创新能力	
团队合作能力	
严谨的系统思维能力	
对环境的分析和适应能力	

7. 制造型企业的仓库管理原则

制造型企业的仓储管理应该把握四大原则——及时、准确、安全、节约。

1）及　时

物料入库要做到：

① 及时接运卸车；② 及时清点验收；③ 及时搬运入库；④ 及时填写货卡；⑤ 及时传递单据；⑥ 及时录入系统。

物料管理要做到：

① 及时堆放归类，存放有序，便于收发和处理；② 及时通风防潮，确保质量完好；③ 及时维护保养；④ 及时结算，确保账务准确。

物料出库要做到：

① 及时备货、及时发货、及时核库；② 先进先出。

2）准　确

收发和管理物料要做到：

名称、规格、型号、数量、质量配套、单据号、统计报表准确等。

3）安　全

仓库管理员在库要做好防潮、防热、防冻、防雷、防洪、防火、防爆、防虫、防盗；严格遵守操作规程和各项安全制度，搞好电源、火源、水源管理，完善消防设施等，确保仓库安全。

4）节　约

① 做好物料防护工作，确保物料质量完好，降低维护管理费用；② 做到物料合理堆放，提高库房利用率；③ 加强库用设备的保养，提高工作效率；④ 提高仓库自动化管理水平。

8. 商品包装常见的 5 种标志

包装标志是为了便于货物的交接，防止错发错运，便于识别，便于运输、仓储和海关等有关部门进行检查等工作，也便于收货人提取货物，在进出口的外包装上标明的记号。常见的商品包装标志有以下 5 种：

1）指示性标志

按商品的特点，对于易碎、需防湿、防颠倒等商品，在包装上用醒目图形或文字，标明“小心轻放”、“防潮湿”、“此端向上”，等等。指示性标志用来指示运输、装卸、保管人员在作业时需要注意的事项，以保证物资的安全。这种标志主要表示物资的性质，物资堆放、开启、吊运等的方法（见图 2.1）。

图 2.1　指示性标志

2）危险性标志

危险品标志是用来表示危险品的物理、化学性质，以及危险程度的标志。它可提醒人们在运输、储存、保管、搬运等活动中引起注意。

根据国家标准 GB 190—2009 规定，在水陆、空运危险货物的外包装上拴挂、印刷或标打以下不同的标志，如爆炸品、遇水燃烧品、有毒品、剧毒品、腐蚀性物品、放射性物品等（见图 2.2）。

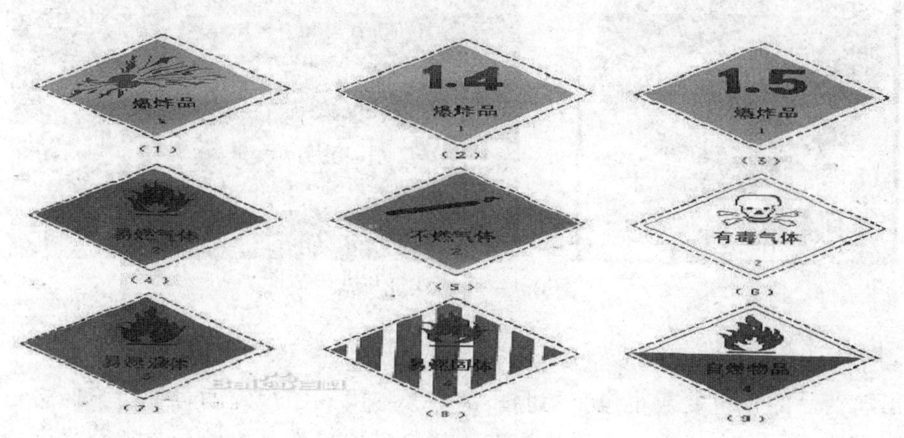

图 2.2　危险性标志

3）环保标志

环保标志又称为环境标志、生态标志，是一种反映环保意识的商品包装标志，是指由政府部门或公共、私人团体依据一定的环境标准向有关厂家颁布证书，证明其产品的生产使用及处置过程全部符合环保要求，对环境无害或危害极少，同时有利于资源的再生和回收利用的一种特定标志（见图 2.3）。

图 2.3　环保标志

4）质量认证标志

质量认证标志是认证机构设计并发布的一种专用标志，是指企业通过申请，经国际国内权威认证机构认可，颁发给企业的表示产品质量已达认证标准的一种标志。使用认证标志，可提高商品的竞争力，增强用户的信任度（见图 2.4）。

图 2.4　质量认证标志

5）商检标志

在进出口商品的外包装或小包装的明显部位，加附我国规定的各种检验标志，以证明该商品符合国家或国际安全、卫生、质量标准，就是进出口商品检验标志，简称商检标志（见图 2.5）。

图 2.5　商检标志

9. 物料摆放的原则

规范仓库物品摆放，能够提高仓库的 5S 管理水平。物料摆放的 6 大原则如下：

① 面向通道摆放——便于物料在仓库内移动和取出；

② 先进先出的原则——防止货物因保管时间过长而发生变质和损耗等；

③ 周转频率对应——根据物料进货发货的不同频率来确定货物的存放位置；

④ 同类归一——相同或相类似的物料存放在相同或相近的位置，便于分拣和查找；

⑤ 质量、形状对应——便于搬运和安全作业；

⑥ 五五堆放——五五成行、五五成方、五五成包、五五成堆、五五成层，方便物料的数量控制、清点盘存。

三、实践操作

1. 实验说明

本任务共包括实训项目 3 个，共计 100 分，实操说明如下：

实操课内容	所占课时	实训地点	所占评分	考核形式
实操 1：物流企业仓储从业人员职业素质相关的案例分析	2	物流实验室	40	分析发言（20） 分析总结（20）
实操 2：仓储企业的实践操作人员培训	2	物流实验室	20	培训报告（20）
实操 3：仓储从业人员职业素养知识问答竞赛	2	物流实验室	40	团体考核（20） 个人考核（20）

2. 实践操作 1

（1）实践说明。

学生分组进行案例分析，通过案例分析，总结仓储从业人员的职业素养。

（2）实践准备。

① 多个和仓储从业人员职业素质表现相关的案例（见附件）。

② 全班分为若干组，每组设一名组长。

③ 以组为单位完成案例分析及总结。

④ 学生准备笔和笔记本。

（3）操作步骤。

① 老师选择一个案例进行示范分析并总结（案例见附件三）。

② 按照组别进行案例分配。

③ 各组进行内部讨论，根据案例提示对选定的案例进行分析。

④ 各组推荐一名发言人对组内的分析过程及内容进行总结论述。

⑤ 老师或学生进行最后总结。

⑥ 学生书写个人总结及体会。

（4）实践操作要求及注意事项。

分配案例采取随机方式分配；案例分析要条理清晰，有理有据；发言人在对案例进行总结论述时声音要洪亮；各组要注意纪律并做好相应的讨论记录。

3. 实践操作2

（1）实践说明。

参观仓储企业，邀请仓储企业的实践操作人员以仓储从业人员的职业素养进行培训，每个学生完成一份培训报告。

（2）实践准备。

① 确定一家仓储企业并邀请一名实践操作人员。

② 老师组织学生按时参加。

③ 学生准备笔和笔记本。

（3）操作步骤。

① 教师组织学生到一家企业的仓库进行参观体验，先了解该企业。

② 老师组织学生进行现场布置。

③ 邀请一名仓储实践操作人员进行讲解。

④ 培训结束后，学生书写并提交培训报告。

（4）实践操作要求及注意事项。

学生外出培训需要听从老师的指挥；注意安全，若出现安全问题，此实践操作部分不得分；学生必须做好过程记录。

4. 实践操作3

（1）实践说明。

教师组织一次仓储从业人员职业素养知识问答竞赛（竞赛题见附件）。

（2）实践准备。

① 根据竞赛需求准备关于仓储从业人员职业素养方面的题。

② 选几名学生组成评委团，将剩下的学生分成若干组，每组设一名组长。

③ 老师为主持人。

④ 老师组织学生对场地简要布置。

（3）操作步骤。

① 老师首先对整个竞赛构架进行阐述。本次竞赛分成3个环节——必答题环节、集体必答题环节、抢答题环节，竞赛题目都和仓储相关。

② 宣布本轮竞赛方法、评分标准等内容，发给各位评委本轮题目及标准答案。

第一轮　必答题环节

a. 本轮共设题3套，每套题内有8个题目，每个选手答2道题，每组选择1套题，可自由选择题号，各组组员按照顺序依次作答。

b. 每人答题限时10秒。主持人读完题，选手必须在10秒内答题有效，超时视为弃权。由第一组开始。

c. 每人回答不出或回答错误不得由其他主答手补充，且本组、其他组选手及观众不得提示、暗示或进行其他作弊行为，如有发现，作弊队员所在组扣掉20分。

d. 如遇争议问题，由现场评委评判。

e. 评分标准：每队有基础分 10 分

f. 主持人公布各组必答环节个人及团队得分情况。

第二轮　集体必答题环节

a. 本轮题型为简述题，共设题 4 套，每套题内有 1 个题目，每组选择 1 套，每组一人答题为主，同组成员可补充，每组答题限时 20 秒。

b. 小组答题时，小组成员可商议，其他组员或观众不提示或进行其他作弊行为，如有发现，扣分处理。

c. 支持人公布各组集体必答题得分情况。

第三轮　抢答题环节

a. 题型设计：共 15 道选择题，主持人依次读题，知道答案的站起来回答，谁先谁答。

b. 答题规则：各队得到答题权后，必须在 10 秒内回答完毕，超时视为答错，同一题可抢答两次，第一轮回答错误可再进行一次抢答。

c. 主持人公布各组抢答环节得分情况。

③ 按照答题环节顺序开始竞赛。

④ 支持人将各组各环节的得分进行统计，得出各组的总分并排序。

⑤ 学生写出竞赛总结体会并提交。

（4）实践要求及注意事项。

① 各组答题均需要在规定的时间内答出，超出时间作废。

② 各组答题时均需要在老师读完题说出“开始”后答题，提前答出均看作答错。

③ 如遇争议问题，由现场评委评判。

④ 各组组长要管理组员，保持良好的纪律。

四、工作页

1. 列出仓管员的 7 条主要职责。

2. 列出仓管员的 5 点素质和技能。

3. 列出仓储员的个人基本素质。

4. 请填写仓储业务运作的全过程。

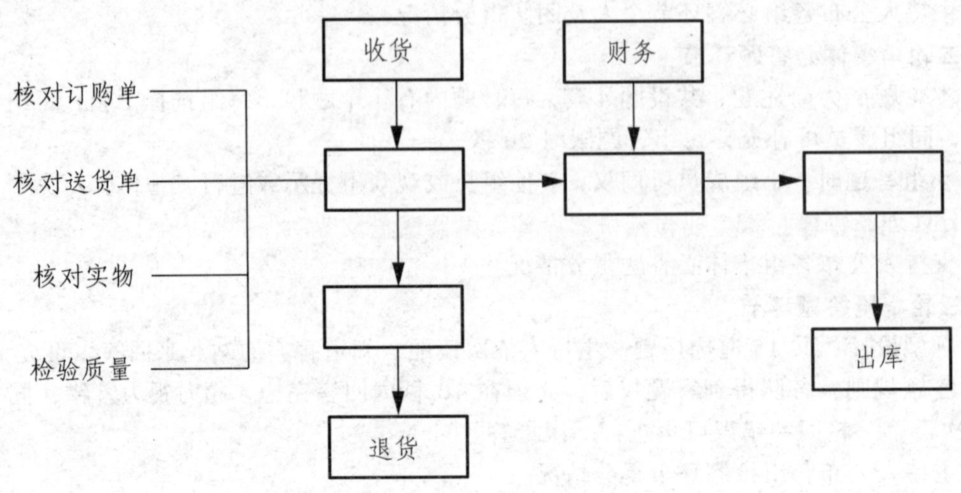

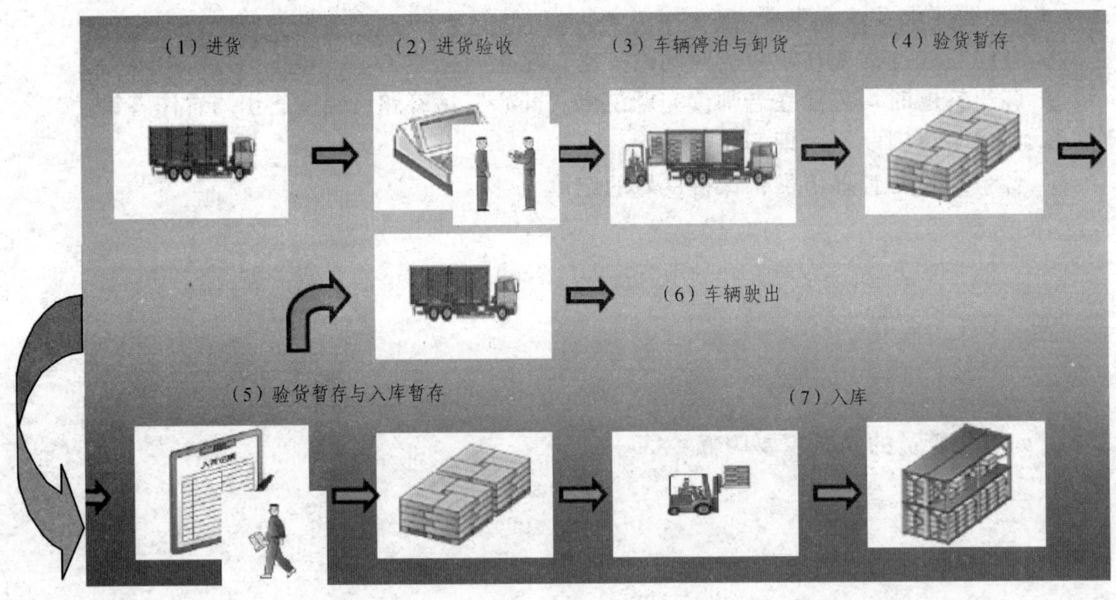

5. 名词解释

盘点：

目视管理：

呆料：

6. 仓库防止触电的安全措施是什么？

7. 判断题

① 库内温度的变化，一般是库内变化落后于库外，夜间库内温度比库外低，白天库外温度比库内高。(　　)

② 签收是商品到库接收的关键程序。(　　)

③ 商品发放的原则是“易坏先出”。(　　)

④ 商品包装是为了保护商品。(　　)

⑤ 指示标志主要是指示商品性质、堆放、开户和吊运方法等内容。(　　)

⑥ 仓库安全操作技术主要包括机器设备、电器设备及劳动保护等内容。(　　)

⑦ 仓库储存的商品种类越少，则仓库的专业化程度就越高。(　　)

⑧ 仓容定额是反映仓库储存能力的指标。(　　)

⑨ 水泥必须保存在干燥的仓库内，严防漏雨渗水，不得露天存放。(　　)

五、评价与反馈

本任务实训成绩=实操 1 得分+实操 2 得分+实操 3 得分。

1. 实践操作 1

<table>
<tr><td colspan="2">考评人</td><td></td><td>被考评人</td><td></td></tr>
<tr><td colspan="2">考评地点</td><td colspan="3"></td></tr>
<tr><td colspan="2">考评内容</td><td colspan="3">仓储从业人员的职业素养案例分析</td></tr>
<tr><td rowspan="6">考评标准</td><td></td><td>具体内容</td><td>分值/分</td><td>实际得分</td></tr>
<tr><td rowspan="3">分析发言</td><td>过程纪律表现良好</td><td>5</td><td></td></tr>
<tr><td>案例分析过程合理、深刻</td><td>10</td><td></td></tr>
<tr><td>团队合作和谐</td><td>5</td><td></td></tr>
<tr><td rowspan="2">分析报告</td><td>总结提交及时</td><td>5</td><td></td></tr>
<tr><td>个人总结内容全面、深刻</td><td>15</td><td></td></tr>
<tr><td colspan="3">合　计</td><td>40</td><td></td></tr>
</table>

附：扣分规则：

（1）不积极参与团队讨论（扣 1～5 分）。

（2）过程中纪律较差（扣 1～5 分）。

（3）出现推卸责任的现象（扣1～5分）。

（4）总结提交延时（扣5分）。

2. 实践操作2

考评人		被考评人	
考评地点			
考评内容	仓储从业人员的职业素养培训		
考评标准	具体内容	分值/分	实际得分
	过程纪律表现良好	3	
	过程认真且有记录	5	
	总结提交及时	2	
	培训报告内容全面，深刻	10	
合　计		20	

附：扣分规则

（1）过程纪律较差（扣1～5分）。

（2）过程中不认真或无记录（扣1～5）。

（3）培训报告提交延时（扣5分）。

（4）出现一般安全事故（扣10分），重大安全事故此实践操作无分。

（5）无故缺席扣全分。

（6）故意损坏企业设施设备，扣全分，并承担赔偿责任。

3. 实践操作3

考评人			被考评人	
考评地点				
考评内容		仓储从业人员的职业素养知识竞赛		
考评标准		具体内容	分值/分	实际得分
	团队	过程纪律表现良好	5	
		团队竞赛得分（竞赛总得分按照10分制折算）	10	
		团队合作和谐	5	
	个人	总结提交及时	5	
		个人竞赛得分（个人总得分按照10分制折算）	10	
		个人总结内容全面，深刻	5	
合　计			40	

附：扣分规则

（1）发现作弊扣团队20分。

（2）团队不和谐扣团队5分。

（3）必答题环节答对一题加10分，答错扣0分，弃权扣5分。

（4）集体必答题环节答对一题加10分，回答错误的团队扣0分，弃权扣10分。

（5）抢答题环节答对一题加10分，回答错误的团队扣5分。

（6）过程纪律较差扣个人1~5分。

（7）总结提交延时扣个人5分。

学习任务三　仓库装卸与搬运作业

一、学习任务描述

任务名称	仓库装卸	任务编号	3	课时	14
学习目标	1. 掌握货物装卸的基本原则； 2. 掌握货物装卸搬运设备的操作； 3. 掌握货物搬运的原则； 4. 识别货物搬运的工具； 5. 掌握叉车操作技能				
学习内容	1. 根据货物装卸的原则对货物进行装卸作业； 2. 装卸工作的使用方法； 3. 搬运工具的使用方法； 4. 装卸搬运过程中异常情况的处理办法。 5. 叉车培训				
考评方式	本任务总分 100 分，通过实操 1（20%）、实操 2（20%）和实操 3（60%）得出最后总分				
教学组织方式	1. 理论准备； 2. 实践操作； 3. 工作页； 4. 评价与反馈				
情境问题	小张成功应聘上了蚂蚁物流仓储作业人员，他经过了蚂蚁物流公司为期一个月的职业素养培训和实际操作培训，现在仓储主管开始分配具体任务，让小张首先了解仓储企业的基础作业：装卸与搬运作业。 请问：小张具体要学习装卸与搬运相关的哪些知识？				

二、理论准备

1. 了解一组数据

（1）据我国统计，火车货运以 500 km 为分界点，运距超过 500 km，运输在途时间多于起止的装卸时间；运距低于 500 km，装卸时间则超过实际运输时间。

（2）美国与日本之间的远洋船运，一个往返需 25 天，其中运输时间 13 天，装卸时间 12 天。

（3）我国对生产物流的统计，机械工厂每生产 1 t 成品，需进行 252 t 的装卸搬运，其成本为加工成本的 15.5%。

（4）我国为例，铁路运输的始发和到达的装卸作业费大致占运费的 20%左右，船运占 40%左右。

2. 物品装卸搬运

物品装卸搬运活动渗透到物流各环节、各领域，是联系物流活动各子系统的功能、是物流顺利进行的关键。装卸搬运活动伴随着物流的始终，成为提高物流效率、降低物流成本、改善物流条件、保证物流质量最重要的物流环节之一。

（1）装卸（loading and unloading）：物品在指定地点以人力或机械装入运输设备或卸下。

——摘自《中华人民共和国国家标准物流术语》（GB/T 18354—2001）。概念涵义：物品以垂直方向为主的空间位移。

（2）搬运（handing /carrying ）在同一场所内，对物品进行水平移动为主的物流作业。

——摘自《中华人民共和国国家标准 物流术语》（GB/T 18354—2001）。概念涵义：物品以水平方向为主的空间位移。

（3）装卸搬运特点：附属性、伴生性；支持、保障性；衔接性——物流“瓶颈”；安全性。

3. 装卸搬运的地位和作用

（1）决定物流速度的关键，直接影响物流的效率、效益。

（2）为了降低费用，装卸是重要环节。

（3）造成损失的可能性最大。

（4）物料搬运的量十分巨大。

（5）物料搬运所需费用高，工业国家用于物料搬运的费用常占产品成本的 25%。

（6）物料搬运中容易出现伤亡事故，直接和物料搬运有关的事故常达总生产事故的 25%。

（7）物料搬运占用人力多，在机械化程度不高的企业点，搬运工人常占总工人的 15%。

（8）在特种行业，尽量采用先进的搬运机械，可以减少劳动成本，提高生产率和产品质量。

4. 装卸搬运合理化

1）不合理装卸搬运

（1）次数过多——一次装卸费用相当于几十千米的运输费用。
（2）包装过大。
（3）无效物质的装卸。

2）合理装卸搬运

（1）次数少。
（2）移动距离短。
（3）衔接流畅。
（4）机械化作业。
（5）成组化作业。
（6）省力化作业。
（7）提高装卸搬运活性。

5. 装卸作业合理化措施

1）防止和消除无效作业

所谓无效作业是指在装卸作业活动中超出必要的装卸、搬运量的作业。为了有效地防止和消除无效作业，可从以下几个方面入手：

（1）尽量减少装卸次数。
（2）提高被装卸物资的纯度。
（3）包装要适宜。

2）选择适宜的搬运路线

搬运路线通常分为直达型、渠道型和中心型，如图 3.1 所示。

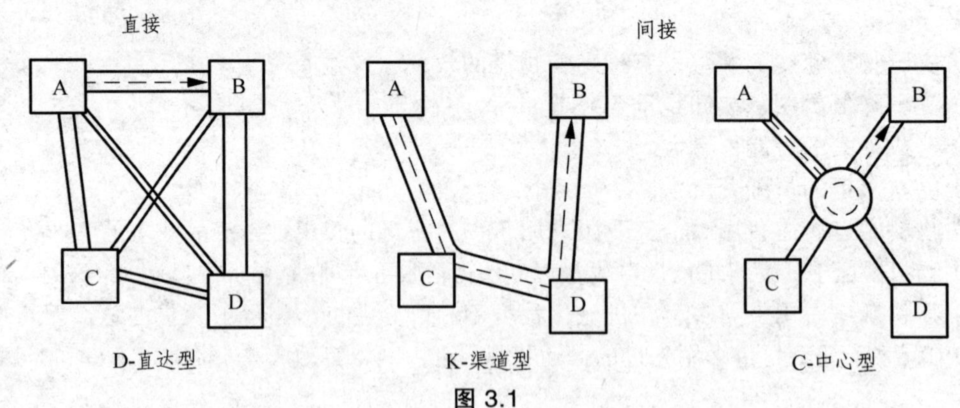

图 3.1

3）装卸作业的机械化

机械化程度一般可分为 3 个阶段。第一个阶段是用简单的装卸器具的阶段；第二个阶段是使用专用高效的装卸机具阶段；第三个阶段是依靠电子计算机实现自动化阶段。

4）实现装卸作业的省力化

在物资装卸中应尽可能地消除重力的不利影响。在有条件的情况下利用重力进行装卸，可减轻劳动强度和能量的消耗。

5）推广组合化装卸

在装卸作业过程中，根据不同物资的种类、性质、形状、质量的不同来确定不同的装卸作业方式。

组合化装卸具有很多优点：

（1）装卸单位大、作业效率高，可大量节约装卸作业时间。

（2）能提高物资装卸搬运的灵活性。

（3）操作单位大小一致，易于实现标准化。

（4）不用手去触及各种物资，可达到保护物资的效果。

6）提高物资装卸搬运的灵活性

所谓物资装卸、搬运的灵活性是指在装卸作业中的物资，进行装卸作业的难易程度。所以，在堆放货物时，事先要考虑到物资装卸作业的方便性。

物资装卸、搬运的灵活性，根据物资所处的状态，即物资装卸、搬运的难易程度，可分为不同的级别。

6. 认识一些装卸搬运设备

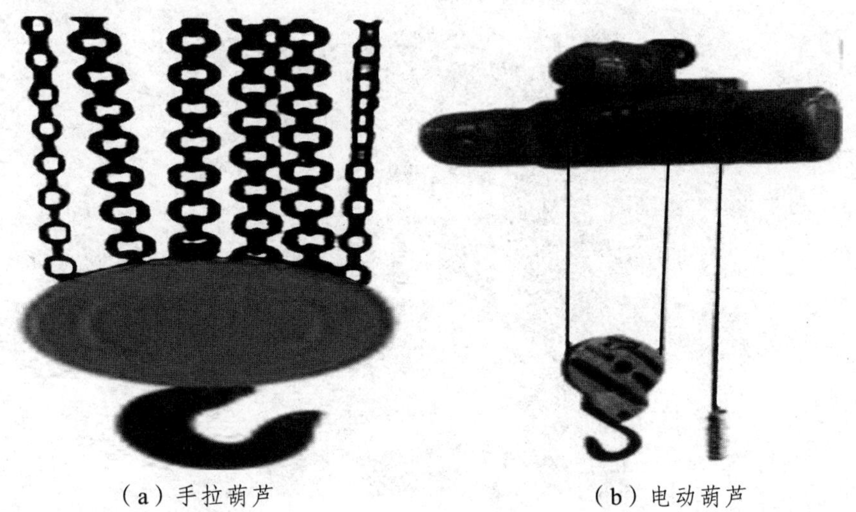

（a）手拉葫芦　　（b）电动葫芦

图 3.2

（a）桥式起重机

（b）龙门起重机

图 3.3

（a）门座起重机

（b）汽车起重机

图 3.4

巷道式堆垛起重机

图 3.5

7. 装卸搬运车辆

依靠机械本身的运行和装卸机构的功能，实现物品的水平搬运和装卸、码垛（小部分车辆无装卸功能）的车辆，称为装卸搬运车辆。

主要有：叉车；搬运车；牵引车和挂车。

（a）立式叉车

（b）平衡重式叉车

图 3.6

（a）前移式叉车

（b）全电动前移式电动叉车

图 3.7

图 3.8

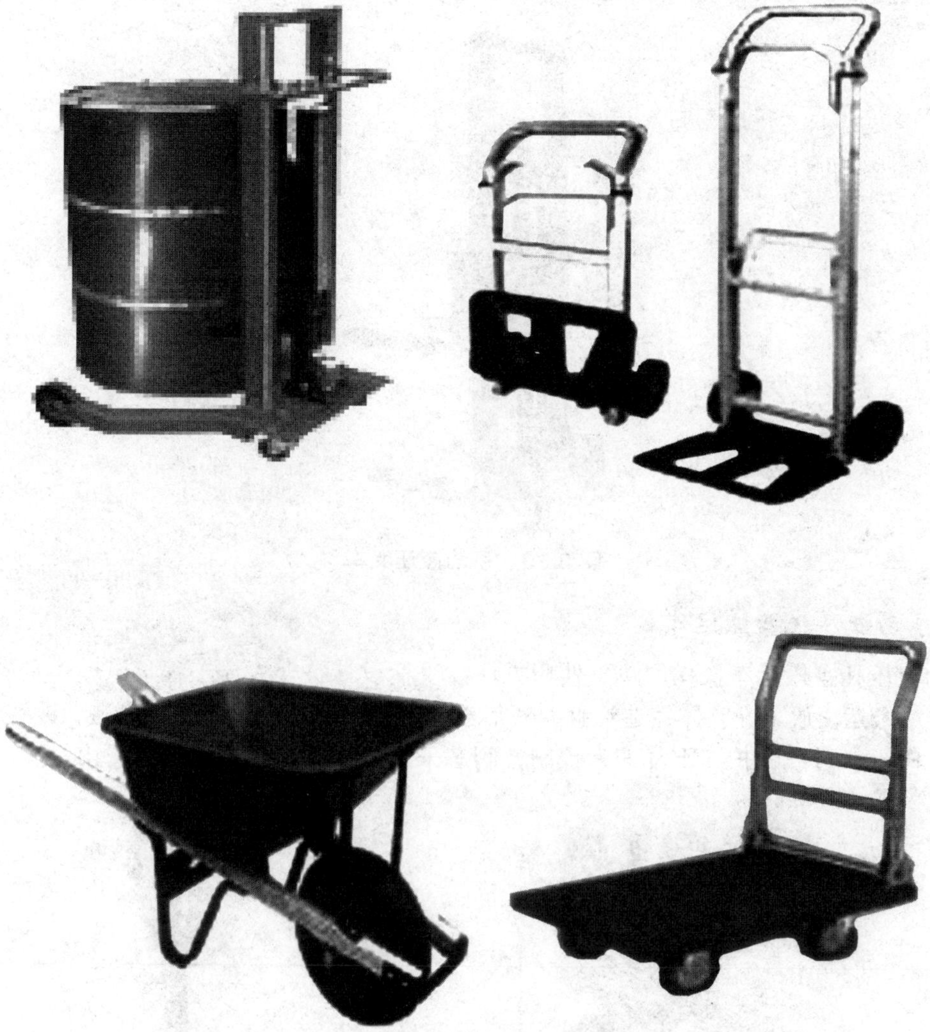

图 3.9　简单搬运车

8. 装卸搬运代表器具

1）手动液压叉车

手动液压叉车是一种无污染、无动力的装卸产品，该产品具有结构紧凑、运输灵活、操作简单、回转半径小等特点，适用于工厂、车间、仓库、车站、码头等处的货物搬运与堆垛。对于那些有防火、防爆要求的场地（如印刷车间、油库、码头、仓库等）更为适用。若配合托盘装箱、集装箱等即可实现单元化运输，有效减少了零部件的碰撞，划伤和堆放面积，减少搬运工作量，提高搬运效率。手动液压叉车采用单门架结构设计，转弯半径小，适用于机械制造、造纸、印刷、搬运、物流等行业使用。

图 3.10　手动液压叉车

2）手动液压托盘搬运车

手动液压托盘搬运车操作简单、使用方便。手柄设计符合人体工程学原理，具有 3 大功能：提升、搬运、放下。整体铸造油缸，外形美观，坚固耐用，优质钢板打造，镀铬活塞杆，内部溢流阀提供过载保护，下降速度控制，阀芯采用整体件，降低了维修费用。

图 3.11　手动液压托盘搬运车

9. 叉车结构及原理

1）叉车组成

（1）叉轴车体、门架、驾驶室、驱动系统、液压系统、制动系统、转向系统、电控及自我诊断和液晶显示系统组成，如图 3.12 所示。

图 3.12　叉车

2）叉车结构示意图

① 外门架；② 内门架；③ 载物靠背；④ 货叉；⑤ 升降杆；⑥ 前、后倾杆；⑦ 方向盘；⑧ 指示灯；⑨ 刹车灯；⑩ 起升油缸；⑪ 司机安全保险架。

图 3.13

3）叉车操作安全规范

（1）持有操作证者方可操作。

（2）穿着注意安全。

（3）设计正确的工作流程非常重要。

（4）注意定期保养叉车。

（5）不要用手扶持货物。

（6）注意在转弯盲角处放慢速度。

（7）在黑暗处操作时打开操作灯。

（8）调节货叉宽度适应托盘的定位。

（9）注意高度限制。

（10）遵守速度限制规定。

（11）在平地上行驶时放低门架。

（12）不要在门架和护顶架之间工作。

（13）不要在高速下转弯或者急转弯。

三、实践操作

1. 实验说明

本任务共包括实训项目 3 个，共计 100 分，实操说明如下：

实操课内容	所占课时	实训地点	所占评分	考核形式
实操 1：手动液压叉车出入库技能比赛	2	物流综合实训室	20	实际操作
实操 2：手动液压堆高车技能比赛	2	物流综合实训室	20	实际操作
实操 3：叉车技能比赛	8	叉车实训基地	60	实际操作

2. 手动液压叉车出入库技能比赛

（1）比赛说明：通过手动液压叉车比赛，学生应学会正确维护和使用手动液压叉车，进行托盘堆码和叉车的结合运用，掌握高效率的装卸搬运技能。

（2）操作准备：长方形纸箱 11 个、正方形纸箱 4 个、1 000 mm×1 200 mm 托盘 1 个、手动液压叉车 1 个。

（3）操作流程：

① 检查托盘、纸箱、叉车，检查舵柄及开关是否在原位。

② 把纸箱按照堆码原则进行正确堆码。

③ 启动液压设备。

④ 移动货物。

⑤ 从物流实训室出库区，到汽车实训室，再回到物流实训室入库区。

⑥ 卸下货物，注意轻拿轻放。

（4）技能训练注意事项：

① 堆码的过程中，注意压缝、纸箱边角是否超出托盘，是否紧凑美观。

② 搬运过程中不能压两边的黄线，不能触碰其他物品。

③ 注意正确使用手动液压叉车。

3. 手动液压堆高车技能比赛

（1）比赛说明：通过手动液压堆高车比赛，让学生学会正确维护和使用手动液压堆高车，掌握应用堆高车进行装卸搬运，货物的入库上架与出库。

（2）操作准备：1 200 mm×1 000 mm 托盘 1 个、纸箱若干、中型货架和重型货架。

（3）操作流程：

① 将叉车摆正，确保对准需要叉货的正前方。

② 起升叉齿，调整叉车叉齿方向并插入托盘，货叉须全部插入货物下面，并使货物均匀放在货叉上，不许用单个货叉尖挑货物。

③ 叉起托盘后，叉齿头后退并转向 90°，移动叉车，将托盘和货物按指定的货位放稳。

④ 开始卸料，将货物拉至目的地后停止并将货叉降至最低位置。

⑤ 将叉车回复原位，摆放整齐。

（4）技能训练注意事项：

① 操作过程中注意安全，确保叉车周围 5 m 无障碍物。

② 爱护设备，注意正确使用叉车阀门。

4. 叉车技能比赛

（1）项目名称：叉车绕桩赛。

操作准备：TCM 柴油叉车。

比赛说明：主要考核叉车司机对叉车转弯、角度等技能的把握程度。

操作流程：

① 叉车停放在指定区域，裁判员吹响哨声后，计时开始。比赛选手由指定位置上车，拉上安全带后启动叉车，然后鸣笛警示，在放下手刹、抬高货叉后前进。

② 比赛选手驾驶叉车正向行驶，沿指定的路线绕桩行驶到达终点，并将车停靠在终点指定位置。

③ 选手到达指定位置，将车停靠在指定位置，然后拉手刹、熄火、放下货叉，并去除安全带后，至指定工作台拿取参赛号码牌。

④ 拿到参赛号码牌后，返回叉车驾驶位，拉上安全带后启动叉车，然后鸣笛警示，在放下手刹、抬高货叉后倒车行驶。

⑤ 比赛选手驾驶叉车倒车行驶，沿指定的路线绕桩行驶到达起点，并将车停靠在起点指定位置。

⑥ 选手到达指定位置，将车停靠在指定位置，然后拉手刹、熄火、放下货叉，并去除安全带后，将参赛号码牌放于指定号码牌箱内，然后举手示意，计时员结束计时。

（2）项目名称：叉车计时叠托盘比赛。

操作准备：2.0 t 电动叉车。

比赛说明：主要考核叉车司机操作叉车的平稳性。

操作流程：

① 计时时间为 5 min。

② 两台叉车停放在指定区域，裁判员吹响哨声后，计时开始。比赛选手由指定位置上车，拉上安全带后启动叉车，然后鸣笛警示，在放下手刹、抬高货叉后前进。

③ 比赛选手叉取放置于指定位置的托盘，然后转运至另一指定位置。从第一层起，托盘4个角各放一可乐罐，托盘堆叠在上面。

四、工作页

1. 填空题

目前物流领域主要的装卸搬运设备有：__________、__________、__________、__________、__________、__________、__________、__________、__________。

2. 选择题

（1）在同一区域范围内，以改变商品的存放状态和空间位置为主要内容和目的的活动称为（　　）。

A. 运输　　B. 仓储　　C. 物流　　D. 装卸搬运

（2）以下对装卸、搬运作业的特点描述不正确的是（　　）。

A. 对象复杂　　B. 作业量小　　C. 作业不均衡　　D. 安全性要求高

（3）将商品置于集装单元器具内时，其装卸活性有所提高，被定为（　　）。

A. 1 级活性　　B. 2 级活性　　C. 3 级活性　　D. 4 级活性

（4）目前装卸搬运作业的主流，以各种装卸搬运机械完成商品装卸搬运的作业方法是（　　）。

A. 人工作业法　　B. 集装作业法

C. 机械换作业法　　D. 综合机械化作业法

（5）以叉车完成的装卸搬运作业，根据叉车自身作业特点的不同，应属于（　　）。

A. 间歇式作业法　　B. 连续式作业法

C. 集装作业法　　D. 机械化作业法

（6）电视机等易碎、贵重的成件包装商品，可使用（　　）进行装卸搬运。

A. 小型叉车　　B. 大型叉车

C. 轮胎式起重机　　D. 轨道式起重机

（7）与其他环节相比，（　　）具有伴随性的特点。

A. 运输　　B. 仓储　　C. 配送　　D. 装卸搬运

（8）（　　）是利用货物的位能来完成装卸作业的方法。其装车设备有筒仓、溜槽、隧道等；卸车主要用底门开车或漏斗车在缆线或卸车坑道自动开启车门，货物依靠重力自行流出的卸货方法。

A. 功能法　　B. 重力法　　C. 倾翻法　　D. 机械法

（9）配送中心实施配送活动时，绝大部分的时间是耗用在商品的装卸搬运上，商品的装卸搬运费用占整个经营费用的（　　）%。

A. 10% ~ 20%　　B. 20% ~ 30%　　C. 30% ~ 40%　　D. 40% ~ 50%

（10）在装卸搬运作业中，装货、移动、卸货这 3 种作业在多数情况下是以一个整体形式出现的，装和卸次数之和与移动次数是（　　）的关系。

A. 1：1　　B. 2：1　　C. 3：1　　D. 4：12

3. 简答题

（1）如何做到搬运合理化？搬运有哪些方式？要注意什么问题？

（2）简述托盘的概念及其优点。

（3）叉车与其他装卸搬运工具相比，其优点主要体现在哪些方面？

五、评价与反馈

1. 实操 1

考核项目	评分标准	分数	小计
检查及准备工作	检查纸箱、托盘、叉车舵柄及开关	3	
堆码	稳固、≤3 层、压缝	3	
搬运	准确无误	3	
卸货	准确无误	3	
时间	≤3 min	3	
考勤	是否能严格遵守	5	
总　分		20	

附：扣分规则

（1）准备工作未完成。

① 未准备好纸箱、托盘、叉车扣 1 分。

② 未检查叉车舵柄及开关扣 1 分。

（2）搬运。

① 不压缝扣 1 分。

② 货物超出托盘扣 1 分。

③ ≥3 层扣 1 分。

（3）搬运卸货。

① 压规定黄线扣 1 分。

② 掉箱扣 1 分。

③ 卸货时纸箱未按要求摆放扣 1 分。

（4）时间。

≥3 min 扣 1 分。

2. 实操 2

操作内容	分值	实际得分
准备作业	3	
叉车起升作业	3	
叉车搬运作业	3	
叉车卸货作业	3	
叉车归位、检查	3	
操作时间在 5 min 以内	5	
合　计	20 分	

附：扣分规则

（1）准备工作未完成。

① 叉车未正对货物扣 1 分。

② 货物未摆放整齐扣 1 分。

③ 货叉未下降到最低位扣 1 分。

（2）叉车起升作业。

① 货叉进入托盘时托盘和货物发生偏移扣 1 分。

② 触碰到墙体扣 1 分。

③ 货叉未全部插入托盘或超出托盘扣 1 分。

④ 操作过程中触碰到其他设备扣 1 分。

（3）叉车搬运作业。

① 操作过程中操作员触碰到其他设备扣 1 分。

② 操作过程中叉车触碰到其他设备扣 1 分。

（4）叉车卸货作业。

① 放置货物时，托盘发生偏移扣 1 分。

② 卸货时，货叉触碰到墙体扣 1 分。

③ 卸货时，货叉触碰到下层货架扣 1 分。

（5）叉车归位，检查。

① 卸完货物后，未将货叉放置最低位置扣 1 分。

② 货叉下降速度过快扣 1 分。

③ 未将叉车归位、停放整齐扣 1 分。

（6）操作时间超过 5 min，每超出 1 分钟扣 1 分。

（7）整个操作流程中：

① 阀门未拧紧，每违规一次扣 1 分。

② 未使用计数器加减每违规一次扣 1 分。

③ 在使用过程中用力过猛、操作过于粗鲁扣 1 分。

④ 整个过程中不得超过黄线，每违规一次扣 1 分。

3. 实操 3

得分说明：

操作内容	分值	实际得分
叉车绕桩赛	15	
叉车叠托盘赛	15	
平时练习出勤	30	
合　计	60 分	

（1）叉车绕桩赛比赛成绩按照用时从短到长进行排名，罚时标准参看下表：

成绩评定表				
序号	要求	处罚加时/s	次数	用时记录
1	未鸣笛起步	+5/次		
2	未系安全带起步	+5/次		
3	停车未放下货叉	+5/次		
4	起步未升起货叉	+5/次		
5	碰到障碍物	+5/次		
6	碰倒障碍物	+20/次		
7	车体车轮压线	+5/次		
8	停车未停到指定区域	+15/次		
9	停车未拉手刹	+5/次		
10	未拿取号码牌	+20/次		

（2）项目名称：叉车计时叠托盘比赛。

① 每堆叠一个托盘计 5 分。

② 货叉插入托盘的位置，必须是托盘的边缘超出或压在定位线上，才能进行货叉的提升和行驶，否则每次出现一次罚 5 分。

③ 临近叠放的两个托盘之间位移不得大于 5 cm（单边），否则每次出现罚 5 分。

④ 堆叠过程中，每倒一个可乐罐罚 5 分。

⑤ 起步操作动作为拉安全带、鸣笛、提升货叉、放下手刹，一项未做罚 2 分。

⑥ 按得分高低进行排名。

学习任务四　仓库入库与堆码作业

一、学习任务描述

<table>
<tr><td>任务名称</td><td>货物入库与堆码作业</td><td>任务编号</td><td>4</td><td>课时</td><td>10</td></tr>
<tr><td>学习目标</td><td colspan="5">1. 能够准确熟练地做好物资入库前的各项准备工作；
2. 能够选择合理方式将货物提运收取到库；
3. 根据货物的性质、价值、流动速度、重要程度选择合理的堆码方式；
4. 掌握货垛地要求及认识常见的苫垫材料；
5. 掌握物资入库的步骤</td></tr>
<tr><td>学习内容</td><td colspan="5">1. 入库前准备工作的相关规则；
2. 如何选择接运方式；
3. 堆码的原则；
4. 堆码的方法；
5. 货垛“五距”的要求；
6. 苫垫的含义；
7. 物资入库步骤及相关表格填制</td></tr>
<tr><td>考评方式</td><td colspan="5">本任务总分 100 分，通过实操 1（30%）、实操 2（40%）和实操 3（30%）得出最后总分</td></tr>
<tr><td>教学组织方式</td><td colspan="5">1. 理论准备；
2. 实践操作；
3. 评价与反馈；
4. 工作页；
5. 综合考评</td></tr>
<tr><td>情境问题</td><td colspan="5">小张已经掌握了仓库装卸搬运的基本常识，也熟悉了仓库作业设备，从今天开始，小张开始进行入库和堆码作业的训练，为期一个星期。请问，在这个星期内，小张需要怎样做，才能圆满完成入库和堆码作业呢？</td></tr>
</table>

二、理论准备

1. 入库前的准备工作

（1）熟悉各种需要入库物资的情况。
（2）掌握仓库库场情况。
（3）仓储计划的制订。
（4）妥善安排货位。
（5）合理组织人力。
（6）做好货位准备。
（7）苫垫材料、作业用具的准备。
（8）准备好验收工具。
（9）装卸、搬运工艺设定。
（10）文件单证准备。

2. 物资接运的主要任务

物资接运的主要任务是向托运者或承运者办清业务交接手续，及时将物资安全接运回库。

1）提货方式介绍

（1）车站、码头提货：提货大多是零担托运、到货批量比较小的物资。

（2）铁路专用线到货接运：仓库备有铁路专用线，大批整车或零担到货接运。

（3）到货主单位提取货物：仓库受托运方的委托，直接到供货单位提货的一种形式。作业程序主要是：当接到托运通知单后，做好提货准备，并将提货与物资的初步验收工作结合在一起进行。最好在供货人员在场的情况下，当场进行验收。

（4）托运单位送货到库接货：当托运单位与仓库在同一城市或附近地区，不需要长途运输时被采用。作业程序主要是：当托运方送货到仓库后，根据托运单当场办理接货验收手续，检查外包装，清点数量，做好验收记录。

2）仓库收货

物资到库后，仓库收货人员检查物资入库凭证，然后根据入库凭证开列的收货单位和物资名称与送交的物资内容和标记进行核对，并与送货人员办理交接手续。

若收货工作正常，收货人员在送货回单上盖章表示物资收讫。若发现异常情况，必须在送货单上详细注明并由送货人员签字，或由送货人员出具差错、异常情况记录等书面材料，作为事后处理的依据。

3. 堆码技术

物资的堆码，是将物资整齐、有规律地摆放成货垛的作业。物资的合理堆码，能保证物资的完好，提高仓容的利用率，方便装卸操作。

1）堆码的基本原则

（1）合理。根据不同的物资和保管条件，确定不同的堆码方式。对不同品质、规格牌号、等级、批次的物资，应该分开堆码。堆码时要分清先后次序，贯彻“先进先出”的原则。

（2）牢固。货垛必须不偏不斜、不压坏底层物资，确保堆垛安全牢固。

（3）定量。每行每层数量力求达到整数，方便计数。

（4）整齐。垛形应有一定的规格。物资的包装标记和标志一律朝外。

（5）节省。堆垛时要考虑节省货位，提高仓容利用率，节约劳动消耗。

（6）方便。堆垛时必须考虑到检查、拆垛、分拣和发货等作业的方便，保证装卸作业的安全，并有利于提高堆码作业的机械化水平。

2）物资堆码前的准备

（1）计算堆垛占地面积

$$占地面积=\frac{总件数}{总码层数}\times每件物资底面积$$

或

$$占地面积=\frac{总质量}{层数\times单位面积质量}$$

$$单位面积质量=\frac{每件物资毛重}{每件物资底面积}$$

（2）计算层数

$$可堆层数=\frac{（地坪）单位面积最大负荷量}{单位面积质量}$$

（3）计算垛高

$$垛高=可堆层数\times每层物资高度$$

3）货垛堆码的方法

货垛堆码的主要方法有：压缝式堆码、衬垫式堆码、重叠式堆码等，如图 4.1 ~ 4.5 所示。

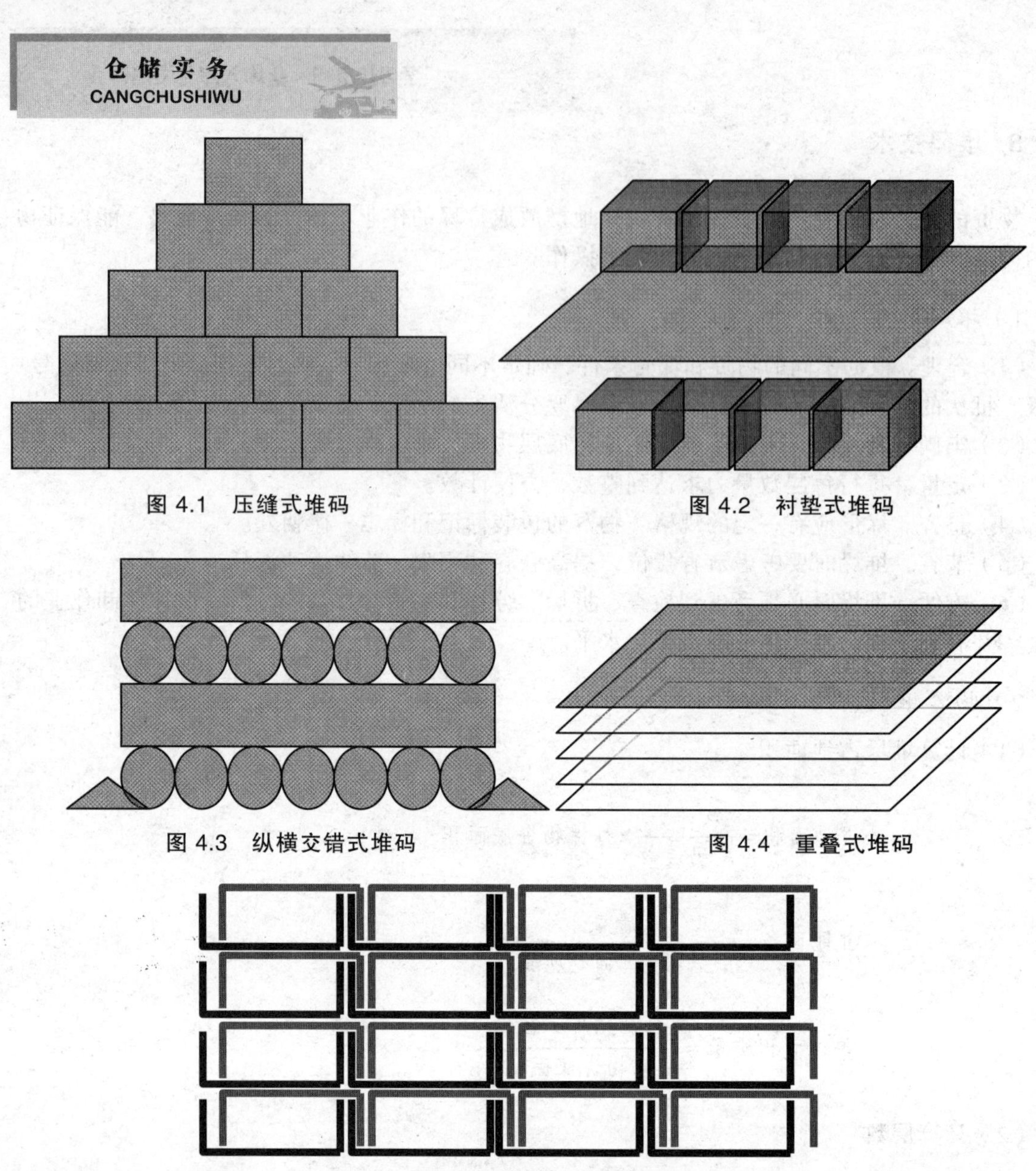

图 4.1　压缝式堆码

图 4.2　衬垫式堆码

图 4.3　纵横交错式堆码

图 4.4　重叠式堆码

图 4.5　俯仰相间式堆码

4. 货垛“五距”的要求

商品堆码要做到货堆之间，贷垛与墙、柱之间保持一定距离，留有适宜的通道，以便商品的搬运、检查和养护。要把商品保管好，“五距”很重要。五距是指垛距、墙距、柱距、顶距和灯距。

垛距：货垛与货垛之间的必要距离，常以支道作为垛距。垛距能方便作业存取，起通风、散热的作用，方便消防工作。库房垛距一般为 0.3~0.5 m，货场垛距一般不少于 0.5 m。

墙距：指货垛与墙的距离。留墙距主要是防止渗水，便于通风散潮。墙距一般为 0.5 m。

柱距：指货垛与屋柱之间的距离。留柱距是为防止商品受潮和保护仓库建筑物的安全。柱距一般为 0.1 ~ 0.3 m。

顶距：顶距是指货垛堆放的最大高度与库房、货棚屋顶横梁间的距离。顶距要能便于装卸搬运作业，能通风散热，有利于消防工作，有利于收发、查点。顶距一般为 0.5 m。

灯距：货垛与照明灯之间的必要距离。为了防止照明灯发出的热量引起附近商品燃烧而发生火灾，货垛必须留有足够的安全灯距。灯距应不少于 0.5 m。

5. 苫　垫

苫垫，是防止各种自然条件对储存商品的质量影响的一项安全措施。苫垫可分为苫盖和垫底。苫盖、垫底都要根据商品的性能、堆放场所、保管期限以及季节、温湿度光照日晒、风吹雨淋等情况合理选择。

苫垫材料一般有：塑料布、席子、油毡纸、铁皮、苫布，如图 4.6 所示。

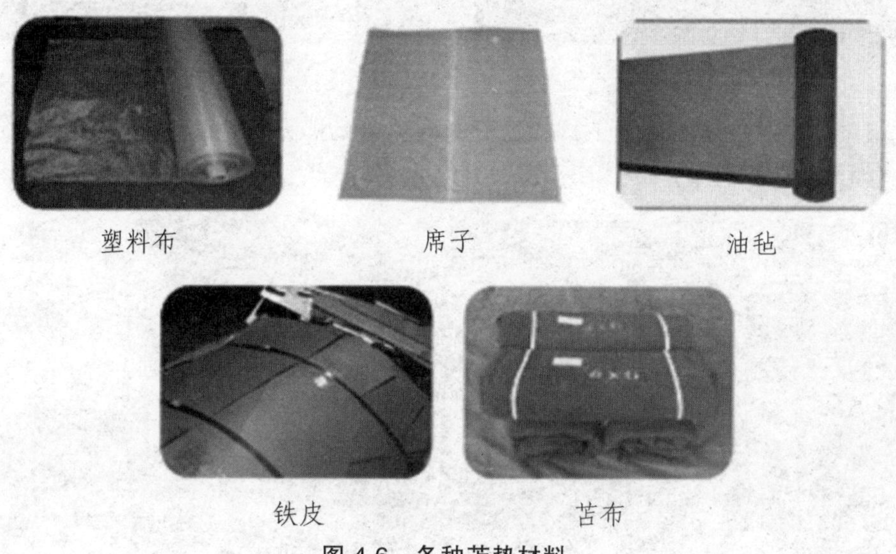

塑料布　　席子　　油毡

铁皮　　苫布

图 4.6　各种苫垫材料

6. 物资入库步骤

（1）安排货位：安排货位要做到安全、方便、节约、合理。

（2）搬运：搬运过程中要做到“一次连续搬运到位”，力求避免入库物资在搬运途中的停顿和重复劳动。

（3）堆码：物资堆码直接影响着物资保管的安全，清点数量的便利，以及仓库容量利用率的提高。堆码方式主要有以下几种：

① 散堆方式：将无包装的散货在库场上堆成货堆的存放方式，适用于大宗散货，如图 4.7 所示。

② 堆垛方式：堆垛方式是指对有包装的超长、搭建物资进行堆码。

③ 货架方式：采用通用或者专用的货架进行物资堆码。适合于存放小件物资或不宜堆高

的物资。如图 4.8 所示。

图 4.7　散堆方式

图 4.8　货架方式

④ 成组堆码方式：采用成组工具使物资的堆存单元扩大。常用的成组工具有货板、托盘和网络等。如图 4.9 所示。

图 4.9　成组堆码方式

（4）办理入库手续：验收合格的物资，应及时办理入库手续，建立档案资料及给货主签回验收单。

① 立卡：卡又称为“货卡”或“存卡”，能够直接反映该垛物资品名、型号、规格、数量、单位、进出动态和积存数。卡片应按入库通知单所列内容填写，入库通知单见表 4.1 所示。

表 4.1　入库通知单

供货单位__________　　发出日期______年___月___日　　收货仓库_______

运单字号__________　　验收日期______年___月___日　　账单编号_______

物资编号	物资名称及规格	计量单位	数量					质量状况	购入价格		基本价格		物价差异		说明
			交货	多交	短交	退货	实收		单价	金额	单价	金额	盈	亏	

② 登账：物资入库，仓库应建立失误保管明细账（见表 4.2），用于登记物资进库、出库、结存的详细情况，并为仓库对账提供依据。

登账的规则：

a. 登账必须以正式合法的凭证为依据。

b. 登账应连续、完整，不得跳行隔页。

c. 须用黑色或蓝色墨水笔记账，用红色墨水笔冲账或改错画线。

d. 账目数字书写应占空格的 2/3 空间。

表 4.2　实物保管明细账

存放地点__________　　　　品名__________

计量单位__________　　　　型号规格__________

年		凭证		摘要	单价	收入数量	金额	发出数量	金额	结存数量	金额
月	日	字	号								

③ 建档：建档就是将物资入库作业全过程的有关资料证件进行整理、核对，建立资料档案，以便物资保管和保持客户联系，并为将来发生争议时提供凭证。

④ 签单：在物资验收入库后，应及时按照仓库物资验收记录的要求签回单据，以便向供货单位和货主表明收到物资的情况。

三、实践操作

1. 实验说明

本任务共包括实训项目 3 个，共计 100 分，实操说明如下：

表 4.3　实践操作考评说明表

实操课内容	所占课时	实训地点	所占评分	考核形式
实操 1：物资入库前准备工作训练	2	物流综合实训室	30	实际操作
实操 2：堆码技能竞赛	2	物流综合实训室	40	实际操作
实操 3：物资入库手续业务训练	2	物流综合实训室	30	实际操作

2. 物资入库前准备工作训练

（1）操作说明：某仓库有一批物资（见表 4.4）等待入库，请做好入库前的准备工作。

表 4.4　物资入库清单

序号	品名	规格	包装	数量
1	舒肤佳香皂	200 克/块	50 块/箱	50 箱
2	黑人牙膏	120 克/支	100 支/箱	50 箱
3	超能洗衣粉	500 克/袋	10 袋/箱	50 箱
4	立白洗涤剂	500 克/瓶	20 瓶/箱	50 箱
5	伊利纯牛奶	250 毫升/瓶	24 瓶/箱	150 箱
6	笔记本	200 页	100 本/箱	50 箱
7	口杯	300 毫升/瓶	20 个/箱	70 箱
8	统一绿茶	224 毫升/瓶	20 瓶/箱	100 箱
9	康师傅方便面	120 克/包	200 包/箱	200 箱
10	绿箭口香糖	50 克/支	100 支/箱	70 箱

（2）操作准备：如表 4.4 所示物资，准备苫垫材料塑料布 20 张。

（3）操作流程：

① 通过阅读入库计划书和现场参观，熟悉入库的物资，并掌握好库场的实际情况。

② 制订仓储计划。

③ 仓库妥善安排货位。

④ 准备苫垫材料，作业用具。

⑤ 装卸搬运工艺设定。

⑥ 物资入库准备工作方案书的完成。

（4）技能训练注意事项：

①仔细、认真做好每个环节的工作。

②必须清楚了解商品特性、保管要求和货场的情况。

③物资入库准备工作方案书要详细、完整。

3. 堆码技能竞赛

1）项目名称：堆码技能个人竞赛

（1）比赛说明：

① 通过堆码技能个人竞赛，让学生了解堆码的规则和要求，能够熟练地运用不同方式对物资进行堆码。

② 每个同学由抽签的方式决定堆码方式，以堆码的操作要求和完成时间为考评标准。

（2）操作准备：组合好的纸箱 100 个、塑料布 30 张、托盘 10 个。

（3）操作流程：

① 压缝式堆码：如图 4.1 所示。

- 将纸箱擦拭干净。
- 第一层先卧放 5 个纸箱，第二层再卧放 4 个纸箱，如此类推堆码，每向上一层则减少 1 个纸箱，共 5 层。

② 衬垫式堆码：如图 4.2 所示。

- 将纸箱擦拭干净。
- 第一层先卧放 4 个纸箱，再用 1 张塑料布进行衬垫。
- 第二层再卧放 4 个纸箱，再用 1 张塑料布进行衬垫；如此类推堆码，每一层卧放 4 个纸箱，共 4 层。

③ 重叠式堆码：如图 4.4 所示。

- 将纸箱擦拭干净。
- 第一层放 2 排纸箱，每排卧放 5 个纸箱。
- 第二层放 2 排纸箱，每排卧放 5 个纸箱，如此类推堆码，共 4 层。

（4）技能训练注意事项：

堆码时要注意安全，防止垛倒压人。

2）项目名称：堆码技能团队竞赛

（1）比赛说明：通过堆码技能团队竞赛，让学生了解堆码的规则和要求，能够熟练地运用不同方式对物资进行堆码；培养学生团队精神，锻炼学生协作、配合能力。

（2）操作准备：组合好的纸箱 50 个、塑料布 20 张、托盘 10 个。

（3）操作流程：

① 将班级学生按 4 ~ 5 人分成小组，每小组指定组长 1 名。

② 小组成员配合完成如图 4.1、图 4.2、图 4.4 所示的 3 种堆码方式。

（4）技能训练注意事项：

① 小组成员进行分工配合，5 分钟内完成堆码作业。

② 堆码时要注意安全，防止垛倒压人。

4. 物资入库手续业务训练

（1）操作说明：通过物资入库手续业务训练，让学生准确、熟练地掌握办理物资入库的手续，并能正确地填写各种单据、账、卡。

（2）操作准备：

① 准备如表 4.2 所示物资。

② 制作好的验收单、入库单 100 张。

表 4.5　物资入库清单

序号	品名	规格	包装	数量
1	舒肤佳香皂	200 克/块	50 块/箱	50 箱
2	黑人牙膏	120 克/支	100 支/箱	50 箱
3	超能洗衣粉	500 克/袋	10 袋/箱	50 箱
4	立白洗涤剂	500 克/瓶	20 瓶/箱	50 箱
5	笔记本	200 页	100 本/箱	50 箱
6	口杯	300 毫升/瓶	20 个/箱	70 箱

（3）操作流程：

① 物资逐项验收，填写验收单。

② 填写入库单。

③ 登账、建立失误明细账或库存明细账，并掌握好记账的规则。

④ 立卡，正确填写填制货物状态卡和物资存卡。

⑤ 建立验收档案。

⑥ 签单业务训练，要求按仓库物资检验记录的要求签单。签单必须准确无误。

（4）技能训练注意事项：

① 熟悉角色的工作职责，严格按照操作程序进行。

② 各种交易单据应该填写规范、认真、熟练。

四、工作页

1. 填空题

（1）入库前的准备工作有：熟悉各种需要入库物资的情况、____________________、仓储计划的制订、______________________________、合理组织人力____________________、________________________、准备好验收工

具、________________、________________。

（2）提货的方式有：____________、____________、____________、____________。

（3）堆码的基本原则：________、________、________、________、________、________。

（4）货垛“五距”是指：________、________、________、________、________。

2. 单项选择题

（1）对 100 件装满货物的纸箱进行堆码，纸箱长 0.6 m、宽 0.4 m、高 0.2 m，计划堆码层数为 5 层，则该堆垛的占地面积为（　　）m^2。

A. 4.8　　B. 2.4　　C. 1.6　　D. 4.6

（2）墙距是指货垛与墙的距离。留墙距主要是防止渗水，便于通风散潮。墙距一般为（　　）。

A. 0.3 m　　B. 0.4 m　　C. 0.5 m　　D. 0.6 m

（3）仓库受托运方的为委托，直接到供货单位提货的提货方式是（　　）。

A. 车站、码头提货　　B. 铁路专用线到货接运

C. 到货主单位提取货物　　D. 托运单位送货到库接货

（4）物资入库一般都要经过以下步骤：办理入库手续、搬运、安排货位、堆码，请问正确的物资入库步骤是（　　）。

A. 办理入库手续—搬运—安排货位—堆码

B. 办理入库手续—搬运—堆码—安排货位

C. 安排货位—搬运—堆码—办理入库手续

D. 安排货位—搬运—办理入库手续—堆码

（5）在物资验收入库后，应及时按照仓库物资验收记录的要求签回单据，以便向供货单位和货主表明收到物资的情况是办理物资入库手续的（　　）环节。

A. 立卡　　B. 登账　　C. 建档　　D. 签单

3. 简答题

（1）简述堆垛五距及每个垛距的具体作用。

（2）简述办理物资入库手续时登账的规则。

五、评价与反馈

本任务实训成绩=实操 1 得分 + 实操 2 得分 + 实操 3 得分

1. 实操 1

表 4.6　物资入库前准备工作训练考评表

考评人		被考评人	
考评地点			
考评内容	物资入库前准备工作训练		
考评标准	具体内容	分值/分	实际得分
	熟悉入场货物	3	
	了解仓库的库场情况	3	
	制订仓储计划完整、合理	5	
	货位准备和安排恰当、合理	5	
	准备好苫垫材料、作业用具	5	
	装卸搬运工艺设定合理	5	
	文件单证准备齐全	4	
合　计		30	

附：扣分规则

（1）熟悉入场货物未完成扣 1 分。

（2）未到仓库了解库场情况扣 1 分。

（3）未制订仓储计划扣 1 分。

（4）仓库未安善安排货位扣 1 分。

（5）苫垫材料、作业用具：

① 未准备好苫垫材料扣 1 分。

② 未准备作业用具扣 1 分。

（6）未做验收准备扣 1 分。

（7）装卸搬运工艺设定：

① 未做装卸搬运工艺设定扣 1 分。

② 装卸搬运工艺设定不合理扣 1 分。

（8）文件单证准备：

① 未做文件单证准备扣 1 分。

② 文件单证准备不全、有遗漏等扣 1 分。

2. 实操 2

得分说明：

表 4.7　实践操作 2 得分说明表

操作内容	分值	实际得分
堆码技能个人竞赛	20	
堆码技能团队竞赛	20	
合　计	40 分	

实操 2 得分由堆码技能个人竞赛和堆码技能团队竞赛得分两部分组成；堆码技能团队竞赛小组最终得分除以小组人数，即为小组成员个人得分。堆码技能个人竞赛得分加上堆码技能团队竞赛中小组成员平均得分即为实操 2 每个学生得分数。

表 4.8　堆码技能个人竞赛考评表

考评人		被考评人	
考评地点			
考评内容	堆码技能个人竞赛		
考评标准	具体内容	分值/分	实际得分
	操作程序准确、完整，没有遗漏	4	
	堆码整齐、方法规范	4	
	完成的堆码安全、节约空间	4	
	堆码操作熟练	4	
	操作时间在 2 min 以内	4	
合　计		20	

附：扣分规则

（1）操作程序：

① 操作先后顺序错乱扣 1 分。

② 操作程序缺少或有遗漏扣 1 分。

（2）堆码：

① 堆码不整齐扣1分。

② 堆码方法不规范扣1分。

③ 完成的堆码不安全扣1分。

④ 完成的堆码未合理利用空间扣1分。

（3）堆码操作不熟练扣1分。

（4）操作时间超过2分钟，每超出1分钟扣1分。

表4.9 堆码技能团队竞赛考评表

考评人		被考评人	
考评地点			
考评内容	堆码技能团队竞赛		
考评标准	具体内容	分值/分	实际得分
	操作程序准确、完整，没有遗漏	3	
	堆码整齐、方法规范	3	
	完成的堆码安全、空间利用率高	3	
	小组成员配合良好、组织有序	8	
	操作时间在2 min以内	3	
合　计		20	

附：扣分规则

（1）操作程序：

① 操作先后顺序错乱扣1分。

② 操作程序缺少或有遗漏扣1分。

（2）堆码：

① 堆码不整齐扣1分。

② 堆码方法不规范扣1分。

③ 完成的堆码未合理利用空间扣1分。

（3）小组成员各自为政，没有协调、配合扣2分。

（4）操作时间超过2分钟，每超出1分钟扣1分。

3. 实操 3

表 4.10　物资入库手续业务训练考评表

考评人		被考评人	
考评地点			
考评内容	物资入库手续业务训练		
考评标准	具体内容	分值/分	实际得分
	凭证审核认真	4	
	登账规范、正确	6	
	立卡标识正确、码放正确	6	
	建档内容全面、整洁、编号有序、装订完好	8	
	签单准确、无误	6	
合　计		30	

附：扣分规则

（1）物资验收：

① 物资验收未完成扣 1 分。

② 验收单未填写扣 1 分。

③ 验收单填写错误扣 1 分。

（2）填写入库单：

① 入库单未填写扣 1 分。

② 入库单填写错误扣 1 分。

（3）登账。

① 未建立实物明细账或实物明细账建立错误扣 1 分。

② 登账错误扣 1 分。

（4）未正确填制货物状态卡或物资存卡扣 1 分。

（5）未建立验收档案扣 1 分。

（6）签单业务。

① 未按照仓库物资检验记录的要求签单扣 1 分。

② 签单出现错误扣 1 分。

学习任务五 在库保管与盘点作业

一、学习任务描述

任务名称	在库保管与盘点作业	任务编号	5	课时	10
学习目标	1. 能对在库商品进行合理保管： （1）控制温湿度； （2）防霉防腐操作； （3）防虫害作业； （4）防锈作业。 2. 处理异常问题，书写仓库异常问题报告				
学习内容	1. 在库保管的含义、原则、手段； 2. 认识温度和湿度； 3. 认识测量温度和湿度的常用工具及了解部分商品的温湿度要求； 4. 仓库温湿度控制和调节的方法； 5. 金属生锈的种类及影响因素； 6. 库存物资除锈、防锈处理技术； 7. 库存物资防霉、除霉处理技术； 8. 库存物资防治虫害技术； 9. 盘点的内容、分类、步骤及盘点后处理				
考评方式	本任务总分 100 分，通过实操 1（30%）、实操 2（30%）和实操 3（40%）得出最后总分				
教学组织方式	1. 理论准备； 2. 实践操作； 3. 评价与反馈； 4. 工作页； 5. 综合考评				
情境问题	小张经过一个星期的入库和堆码作业培训，已经能够快速准确地完成整个作业流程，从今天开始小张就进行在库保管和盘点作业，这项作业是仓储作业的重点，小张将用两个星期的时间来进行学习培训。在仓储主管的指导下，小张是否能掌握在库保管的要点和盘点作业的具体业务流程呢？				

二、理论准备

1. 在库保管的含义、原则、手段

（1）在库保管是指仓库针对货物的特性，结合仓库的具体条件，采取各种科学手段对货物进行养护，防止和延缓货物质量变化的行为。

（2）在库保管遵循“以防为主、防治结合”的原则。

（3）仓库货物在库保管的手段主要有：经常检查、通风、控制光照、排水除湿、消除虫鼠害、温湿度控制、防止货垛倒塌、防霉除霉、对特殊货物针对性的保管措施。

2. 仓库温湿度控制和调节的方法

（1）通风：根据空气流动的规律，有目的地使库内外的空气交换，调节库内空气的温度和湿度。通风主要有以下两种方式：

① 自然通风，开启库房门窗和通风孔，让库内外空气自然交换。

② 机械通风，利用通风机械，如排气扇等产生的推压力或吸引力，使库内外形成压力差，从而强迫库内外空气发生流动和置换。

（2）密封：将整库、整垛或整件物资尽可能严密地封闭起来，减少或阻止外界不良气体或其他不利因素的影响。密封方法有以下几种：

① 整库存密封。适用于数量大、整出整进或进出不频繁的仓库。

② 按垛密封。适用于露天存放的易生锈物资。

③ 货架密封。适用于出入频繁、怕潮、易锈和易霉的小件物资。

④ 按件密封。适用于皮革制品、金属制品、乐器和仪表等物资。

（3）吸潮：利用物理或化学的方法，将库内潮湿空气中的部分水汽除去，以降低空气湿度。

① 吸湿剂吸潮。常用吸湿剂有：生石灰、氯化钙、硅胶和木炭。

② 去湿机吸潮。利用制冷装置，将潮湿空气冷却到露点温度以下，使水汽凝结成水滴被排出。

3. 测量温度和湿度的各种工具及部分商品的温湿度要求

（1）测量温度和湿度的各种工具（见图 5.1）。

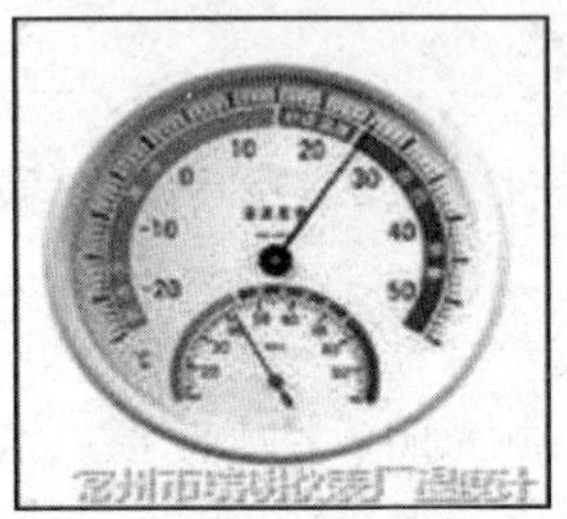

图 5.1　测量温度和湿度的各种工具

（2）部分商品的温湿度要求（见表 5.1）。

表 5.1　部分商品的温湿度要求

种类	温度/°C	相对湿度/%	种类	温度/°C	相对湿度/%
金属及制品	5～30	≤75	重质油、润滑油	5～35	≤75
合金碎末	0～30	≤75	轮胎	5～35	45～65
塑料制品	5～30	50～70	布电线	0～30	45～60
压层纤维塑料	0～35	45～75	工具	10～25	50～60
树脂、油漆	0～30	≤75	仪表、电器	10～30	70
汽油、煤油、轻油	≤30	≤75	轴承、钢珠、滚针	5～35	60

4. 金属生锈的种类及影响因素

金属制品在保管时常见的受损现象是金属制品的锈蚀。金属的锈蚀，是指金属表面在环境介质的作用下，发生化学和电化学作用而遭到破坏的现象。

1）金属锈蚀的分类

（1）化学腐蚀。金属与腐蚀介质直接作用而发生的腐蚀现象称为化学腐蚀。

（2）电化学腐蚀。金属与周围的电解质溶液相接触时，由于电化学作用而引起的腐蚀称为电化学腐蚀。

2）金属锈蚀的环境因素

（1）空气的相对湿度。相对湿度越大，金属锈蚀的速度越快。

（2）温度。温度越高，金属锈蚀的速度越快。但温度对金属锈蚀的影响没有湿度影响大。

（3）氧气。氧气对金属在大气中的锈蚀起着主要的作用。

（4）空气中的有害气体与杂质。如空气中的二氧化硫，工业废气中的氯化氢，大气中的灰尘如炭粒、沙粒等，对金属的锈蚀起着显著的加速作用。

5. 库存物资除锈、防锈处理技术

金属防锈措施：

（1）控制和改善储存条件。

（2）涂油防锈。在金属表面涂（或喷）一层防锈油脂薄膜。

（3）气相防锈。气相防锈是一种常用的防锈方法，主要有以下几种：

① 粉末法。把气相防锈粉末撒在产品表面，或用器皿盛装后置于包装物内，或用纱布包好后悬挂于产品四周。

② 浸涂纸（布）法。将气相缓蚀溶剂溶解于蒸馏水中或有机溶剂中成为溶液，然后浸涂或刷涂在防锈纸或防锈布上，干燥后即成为气相防锈纸或气相布，含量一般为 $5\sim30\ g/m^2$。使用时直接用其包装金属制品即可，然后在它外面加石蜡纸或塑料袋包装。

③ 溶液法。用上述方法把防锈剂制成溶液，喷涂在金属表面，然后用石蜡纸或塑料袋包装。

（4）涂漆防锈。即在金属表面均匀涂上一层油漆，是极其广泛的一种防锈方法。

（5）防锈水防锈。因其防锈期限短，故多用在工序间防锈。

6. 库存物资防霉、除霉处理技术

（1）严格入库验收。

（2）控制自然条件。

（3）采用化学方法，如多菌灵、水杨酰苯胺、二氧乙烯水杨酰苯胺、百菌清、除氧剂等。

（4）采用物理方法，如紫外线、微波、辐射等。

（5）常见易霉腐商品见表 5.2。

表 5.2　常见易霉腐商品表

食品	糖果、饼干、糕点、饮料、罐头、肉类、鱼类和鲜蛋等
日用品	化妆品
药品	以淀粉为载体的片剂、粉剂、丸剂，以糖液为主的各种糖浆，以蜂蜜为主的蜜丸，以葡萄糖等溶液为主的针剂等
皮革及其制品	皮鞋、皮毛、皮箱和皮衣等
纺织品	棉、毛、麻、丝等天然纤维及其制品
工艺品	竹制品、木制品、草制品、麻制品、绢花、画塑、绒绣等

7. 库存物资防治虫害技术

1）预防仓虫的主要措施

（1）把好物资入库关。

（2）搞好仓库清洁卫生。

（3）控制库内温湿度。

（4）勤检查。

（5）使用驱虫药剂。

2）杀灭仓虫的主要方法

（1）物理机械防治法。如利用日光曝晒、烘烤；通风降温，必要时可利用冷冻设备将库温将至零度以下，从而达到杀虫的目的。

（2）化学药剂防治法。主要是使用各种有毒性的化学药剂，使仓虫中毒死亡。常用的化学药剂有敌百虫、磷化铝、硫黄等。

8. 盘　点

1）盘点的内容

（1）账面盘点。将每天入库物资的数量及单价记录在账簿上，并不断累计加总计算出账面库存量及库存金额。

（2）现货盘点。到仓库实地点数，确认仓库内物资的库存数，再根据物资单价计算出库存金额。

（3）核对账面盘点与现货盘点的结果是否一致。若出现账、物不符现象，需分析错误原因，并划清责任归属。

2）盘点的作用

（1）检查作用，即检查收发及搬运过程中产生的错误。

（2）确认作用，确认账、物的一致性和准确性。

（3）订货依据，根据盘点数据，可以检查库存量是否合理，据此作为订货的依据。

（4）督促作用，督促仓库管理人员认真工作并不断改进。

3）盘点的分类

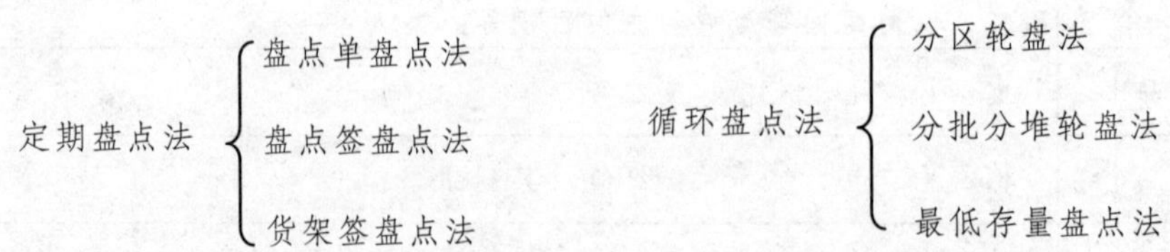

9. 盘点的步骤

1）盘点准备工作

（1）确定盘点程序和方法。
（2）确定盘点日期。
（3）确定盘点人员。
（4）准备盘点表格和报表（表单格式见表 5.3～5.5）。
（5）培训盘点人员。
（6）清理仓库。

表 5.3　盘点票

日期：＿＿＿＿＿＿	NO：＿＿＿＿＿＿
物资编号：＿＿＿＿＿＿	
品名规格：＿＿＿＿＿＿	
单　　位：＿＿＿＿＿＿	
数　　量：＿＿＿＿＿＿	
盘点人签名：＿＿＿＿＿＿	
复盘数量：＿＿＿＿＿＿	
复盘人签名：＿＿＿＿＿＿	
备　　注：＿＿＿＿＿＿	

表 5.4　盘点记录表

盘点日期：＿＿＿＿＿＿　　　　页　数：

序号	盘点票号	物资编号	品名	规格	单位	初盘数量	复盘数量	确认数量	备注

初盘员签名：＿＿＿＿＿＿　　　　复盘员签名：＿＿＿＿＿＿

表 5.5　盘点盈亏表

序号	盘点票号	物资编号	品名	规格	单位	实盘数量	账目数量	差异数量	单价	差异金额	差异原因
主要事项说明：											

制表：________　　审核：________

2）盘点实施工作

（1）对应实物填写盘点票，数量一栏应将箱数、包数和件数等内容填上。

（2）将初盘数量填写于盘点记录表上，将盘点记录表交复盘人员复核。

（3）复盘有差异者，由复盘人员与初盘人员共同再盘一次，确认后记录于盘点记录表上。

（4）复盘完毕，从实物处取下盘点票。

10. 盘点后处理

1）盘点后工作

（1）核对盘点单据：盘点票是盘点实际库存数的原始记录，应按照盘点票编号、发出张数收回。将盘点票上的数据和盘点记录表上的数据进行核对。

（2）核账：将盘点记录表上的数据与账目进行核对核查。如果实存数大于账面结存数即为物资盘盈；如果实存数小于账面结存数即为物资盘亏。

2）结果处理

（1）原因分析：如果发生盘盈盘亏，要分析发生盘盈盘亏的原因，一般有以下原因。

① 由于盘点过程中记数错误导致的错盘、漏盘和重盘。

② 由于盘点过程中计算出了差错导致结论错误。

③ 由自然原因损耗或变质造成的物资数量的变化。

④ 由于盘点过程中计量工具使用不当产生的错误。

⑤ 因工作人员疏忽或贪污、盗窃产生的物资质量、数量的变化。

（2）盘盈、亏处理：盘盈盘亏原因查明后，要在盘点表单中分别列明盘盈、盘亏物资的名称、规格、数量、单价、金额、原因等，按规定程序报批后，将盘盈、盘亏物资入账。

（3）编制盘点盈亏表：盘点盈亏表编制完成之后，报上级主管部门。

（4）报损业务：物资超过规定允许损耗的范围，应填制报损单，写明报损物资情况及损耗原因后上报，由上级主管部门决定处理方式。

三、实践操作

1. 实验说明

本任务共包括实训项目 3 个，共计 100 分，实操说明如下：

表 5.6　实践操作考评说明表

实操课内容	所占课时	实训地点	所占评分	考核形式
实操 1：库存物资防锈、除锈处理训练	2	物流综合实训室	30	实际操作
实操 2：库存物资防霉、除霉处理训练	2	物流综合实训室	30	实际操作
实操 3：盘点作业训练	2	物流综合实训室	40	实际操作

2. 库存物资防锈、除锈处理训练

（1）操作说明：通过库存物资防锈、除锈处理训练，让学生掌握库存物资防锈、除锈处理的基本方法。

（2）操作准备：

① 黑色金属制品 5 件，钢制品 5 件，铜制品 5 件。

② 1 号气相纸、15 号气相纸、19 号气相纸、石蜡纸和油纸各 20 张，塑料袋 20 个。

③ 砂纸 20 张，钢丝刷 20 个，软毛刷 20 个，布或线手套 25 双。

④ 10 kg 装油漆一罐，10 kg 防锈油一罐，5 kg 润滑油一罐，5 kg 润滑脂一罐。

（3）操作流程：

① 涂防锈油防锈。

- 清洁金属制品表面。
- 用软毛刷在金属制品的表面涂一层防锈油。

② 涂漆防锈。

- 清洁金属制品的表面。
- 用软毛刷在金属表面均匀涂上一层油漆。

③ 手工除锈。

- 找出库内生锈的金属制品。
- 用砂纸、钢丝刷等对生锈的金属表面进行除锈。
- 在物资表面涂一层防锈材料，如机油、润滑脂等。
- 用防锈材料如油纸包装物品。

④ 气相防锈。

- 用 1 号气相纸包装黑色金属及其制品，然后在外面用石蜡纸或熟料包装袋包装。
- 用 15 号气相纸包装黑色金属制品的零配件，然后在外面用石蜡纸或塑料袋包装。

● 用 19 号气相纸包装钢、铜制件，然后在外面用石蜡纸或塑料袋包装。

（4）技能训练注意事项：

① 涂漆防锈要戴手套。

② 手工除锈时不要用嘴吹掉锈屑，要用刷子刷掉。

3. 库存物资防霉、除霉处理训练

（1）操作说明：通过库存物资防霉、除霉处理训练，让学生掌握库存物资防霉、除霉处理的基本技术。

（2）操作准备：0.1%～0.3%的多菌灵 5 kg，软包刷 20 把，皮革制品 20 件，纸张 20 张，喷洒壶 5 个，除氧剂 20 小包。

（3）操作流程：

① 化学防霉。

● 多菌灵防霉。

a. 用 0.1%～0.3%浓度的多菌灵涂刷在皮革、纸张上防霉。

b. 将 0.1%～0.3%浓度的多菌灵装入喷壶内，在仓库内进行喷洒防霉消毒。

● 除氧剂防霉：将除氧剂放入商品包装内防霉。

② 晾晒。

● 找出仓库内长霉物资。

● 对于不怕晒的物资，可摊在日光下曝晒；对不宜曝晒的物资，可在通风的条件下摊晒。

● 晾晒后除去霉迹。

● 等物资温度下降至室温后，包装归位。

（4）技能训练注意事项：

① 采用化学防霉方式时要注意安全。

② 除霉时不要用嘴去吹掉霉屑，要用刷子刷掉。

4. 盘点作业训练

（1）操作说明：通过盘点作业训练，让学生学会库存品数量检查和质量检查的方法，掌握账、卡、物数目核对的技能，熟悉盘点的过程。

（2）操作准备：

① 空白盘点票 30 份，空白盘点记录表 30 份，错误盘点票 20 份，错误盘点记录表 20 份，每人一支笔。

② 将班级学生分成 3 人一组，每小组成员分工为：初盘员 1 人、复盘员 1 人、制表员 1 人。

（3）操作流程：

① 盘点准备：查验账目、清点实物、整理仓库。

② 发放盘点单，记下发放的盘点单的编号数。

③ 初盘，填写盘点票。

④ 填写盘点记录表。

⑤ 复盘，确认初盘数量。数量有差异者，与初盘人员做好复核确认，确认后数据记录于盘点记录表上。

⑥ 若模拟过程中未发生盘点票填写错误，则有老师提供填写错误的盘点票，要求学生用正确的方式修改错误。

⑦ 若模拟过程中未发生盘点数量差异，则由老师提供初盘、复盘有差异数据一套，要求学生进行处理。

⑧ 复盘完毕，从实物处取下盘点表。

（4）技能训练注意事项：

小组成员要明确自己的角色，并熟悉各个角色的工作职责，严格按照程序操作；填写各种表格单据认真、规范。

四、工作页

1. 填空题

（1）在库保管应该遵循________________的原则。

（2）密封方法有__________、__________、__________、__________。

（3）常用吸湿剂有__________、__________、__________、__________。

（4）金属锈蚀的环境因素有：__________、__________、__________、__________空气中的有害气体与杂质。

（5）气相防锈主要有以下几种：__________、__________、__________。

（6）用化学药剂防治法来杀灭仓虫，常用的化学药剂有：__________、__________、__________、__________等。

2. 单项选择题

（1）轮胎的相对湿度要求为（　　）。

A. 45 ~ 55　　B. 45 ~ 65

C. 35 ~ 45　　D. 45 ~ 75

（2）塑料制品的温度要求为（　　）。

A. 5 ~ 20　　B. 5 ~ 30

C. 15 ~ 25　　D. 10 ~ 30

（3）适用于数量大、整出整进或进出不频繁的仓库的密封方法是（　　）。

A. 整库存密封　　B. 按垛密封

C. 货架密封　　　　　　　　　　D. 按件密封

（4）金属与周围的电解质溶液相接触时，由于电化学作用而引起的腐蚀称为（　　　）。

A. 化学腐蚀　　　　　　　　　　B. 电化学腐蚀

C. 自然腐蚀　　　　　　　　　　D. 物理腐蚀

3. 简答题

（1）金属防锈措施有哪些？

（2）简述库存物资防霉、除霉处理技术？

（3）简述预防仓虫的主要措施？

（4）简述盘点作业的作用？

（5）简述盘点作业的步骤？

五、评价与反馈

本任务实训成绩 = 实操 1 得分 + 实操 2 得分 + 实操 3 得分。

1. 实操 1

表 5.7　库存物资防锈、除锈处理考评表

考评人		被考评人	
考评地点			
考评内容	库存物资防锈、除锈处理		
考评标准	具体内容	分值/分	实际得分
	正确涂防锈油防锈	4	
	正确涂油漆防锈	4	
	正确手工防锈	6	
	正确涂防锈材料	4	
	正确用防锈材料包装物资	4	
	选择合适的气相纸，正确包装物资	4	
	遵守相关安全规定	4	
合　计		30	

附：扣分规则

（1）涂防锈油防锈。

① 未清洁金属制品表面扣 1 分。

② 未用软毛刷在金属制品的表面涂一层防锈油扣 1 分。

（2）涂漆防锈。

① 未清洁金属制品的表面扣 1 分。

② 未用软毛刷在金属表面均匀涂上一层油漆扣 1 分。

（3）手工除锈。

① 未用砂纸、钢丝刷等对生锈的金属表面进行除锈扣 1 分。

② 未在物资表面涂一层防锈材料，如机油、润滑脂等扣 1 分。

③ 未用防锈材料如油纸包装物品扣 1 分。

④ 用防锈材料包装物品不合理扣 1 分。

（4）气相防锈。

① 未选择合适的气相纸包装金属及其制品扣 1 分。

② 未正确包装物资扣 1 分。

2. 实操 2

表 5.8　库存物资防霉、除霉处理考评表

考评人		被考评人	
考评地点			
考评内容	物资防霉、除霉处理		
考评标准	具体内容	分值/分	实际得分
	正确涂刷防霉剂	4	
	正确喷洒防霉剂	4	
	正确放置防霉剂	4	
	找出库内长霉物资	4	
	正确晾晒	5	
	正确除去霉迹	5	
	遵守相关安全规定	4	
合　计		30	

附：扣分规则

（1）化学防霉。

① 未正确涂刷防霉剂扣 1 分。

② 未正确喷洒防霉剂扣 1 分。

③ 未正确放置防霉剂扣 1 分。

（2）晾晒。

① 未找出库内长霉物资扣 1 分。

② 物资晾晒地点选择不当扣 1 分。

③ 未正确除去霉迹扣 1 分。

④ 物资温度下降至室温后没有包装归位扣 1 分。

3. 实操 3

表 5.9　盘点作业考评表

<table>
<tr><td>考评人</td><td colspan="2"></td><td>被考评人</td><td></td></tr>
<tr><td>考评地点</td><td colspan="4"></td></tr>
<tr><td>考评内容</td><td colspan="4">盘点作业</td></tr>
<tr><td rowspan="8">考评标准</td><td>具体内容</td><td>分值/分</td><td colspan="2">实际得分</td></tr>
<tr><td>盘点前期准备工作充分</td><td>5</td><td colspan="2"></td></tr>
<tr><td>填写盘点票认真、准确、清晰</td><td>6</td><td colspan="2"></td></tr>
<tr><td>填写盘点记录表认真、准确、熟练</td><td>6</td><td colspan="2"></td></tr>
<tr><td>采用正确的方式修改填写错误的盘点票</td><td>6</td><td colspan="2"></td></tr>
<tr><td>复核、填写复盘数据认真、准确</td><td>6</td><td colspan="2"></td></tr>
<tr><td>采用正确的复核确认方式处理初盘复盘有差异的盘点数据</td><td>6</td><td colspan="2"></td></tr>
<tr><td>盘点作业流程完整、没有遗漏</td><td>5</td><td colspan="2"></td></tr>
<tr><td colspan="2">合　计</td><td>40</td><td colspan="2"></td></tr>
</table>

附：扣分规则

（1）盘点准备。

① 未查验账目扣 1 分。

② 未清点实物扣 1 分。

③ 未整理仓库扣 1 分。

（2）盘点票填写错误扣 1 分。

（3）盘点记录表填写错误扣 1 分。

（4）复盘。

① 复盘错误扣 1 分。

② 未发现初盘人员错误扣 1 分。

③ 复核盘点记录表填写错误扣 1 分。

（5）未采用正确的方式修改填写错误的盘点票扣 1 分。

（6）未采用正确的复核确认方式处理初盘复盘有差异的盘点数据扣 1 分。

（7）盘点作业流程不完整、有遗漏扣 1 分。

学习任务六　分拣出库作业

一、学习任务描述

任务名称	分拣出库作业	任务编号	6	课时	8
学习目标	1. 知道拣选作业的概念和意义； 2. 拣选的各种方法，各种拣选方法的优缺点； 3. 能叙述物品出库的依据和出库的形式，会填写出库单据； 4. 能复述物品出库的要求； 5. 能较熟练地进行物品的出库操作； 6. 掌握出库作业的基本流程、出库准备				
学习内容	1. 能读懂拣选单，并能准确找出货物所在位置或能操作自动拣选设备； 2. 认识拣选作业机具，并能进行正确操作，拣选作业的方式方法的选取； 3. 货物出库的要求与原则； 4. 货物出库前期准备； 5. 货物出库的程序； 6. 货物出库验收				
考评方式	本任务 100 分，通过实操 1（30%）、实操 2（30%）、实操 3（40%）得出最后总分				
教学组织方式	1. 理论准备； 2. 实践操作； 3. 评价与反馈； 4. 工作页； 5. 综合考评				
情境问题	仓储主管对小张的入库和在库保管作业技能表示认可，指出小张能尽职尽责地完成布置任务，能虚心请教。从现在开始，小张被主管安排到出库分拣岗位进行作业，小张是否能够再接再厉，完成出库分拣任务呢？出库分拣任务和入库在库作业又有什么不同之处呢？				

二、理论准备

1. 物资出库概述

物资出库也称发货。物资出库是物资储存阶段的结束，是储运业务流程的最后阶段，标志着物资实体转移到生产领域的开始。它是凭据专业公司（货主）开列的物资出库凭证，通过审单、查账、发货、交接、复合、记账等一系列作业，把储存物资点交给用户或代运部门的业务过程。

1）物资出库的要求

（1）物资出库必须准确。准确是工作质量的一个重要标志，没有准确就没有质量。没有准确，出库工作就变得毫无意义。所谓准确就是按照出库凭证所列的物资编号、品名、规格、质量、等级、单位数量等，准确无误地进行点交，做到单货相符，避免差错。

（2）物资出库必须及时。发货及时是保证生产建设和人民需要的重要条件。因此，发货时在手续健全的前提下，力求简便，加快速度及时组织好物资出库作业。

（3）物资出库必须安全。所谓出库安全，就是在出库搬运点交时注意安全操作，防止物资震坏、摔伤、破损、变形，以保证物资出库时的质量完好。

2）物资出库的原则

（1）先进先出。为避免物资长期在库存放而超过其储存期限或增加自然损耗，必须坚持“先进先出、后进后出”的原则。

（2）凭证发货。物资“收有据、出有凭”是物资收发的重要原则，所谓凭证发货就是指出库必须凭正式单据和手续，非正式凭证或白条一律不予发放（国家或上级指令的、紧急抢险救灾物资除外）。

2. 物资出库程序

审核出库凭证→查账找货位→付货→复核→点交→出库。

（1）审核出库凭证即保管员对用户所持出库凭证（提货单）的审核，主要内容有：

① 付货仓库的名称是否相符。

② 提单式样是否相符。

③ 印鉴（货主的调拨章、财务章）是否齐全。

④ 物资编号、品名、规格、质量、等级或型号、应发数量、单位有无差错、涂改。

⑤ 是否逾期。

以上内容有一项不符，仓库有权拒绝发货，待原开证单位（货主）更正并盖章后，才可继续发货。

（2）点交即保管员将应发物资向用料单位逐项点清交接的过程。应注意：

① 凡重量标准的、包装完整的、点件的物资，当场按件数点清交给提货人或承运部门，

并随即开具出门凭证，应请提货人在出门凭证上签名。

② 凡应当场过磅计量或检尺换算计量的，按程序和规定检斤、检尺，并将磅码单抄件、检尺单抄件及出门证一并交提货人，亦应请提货人在原始磅码单及出门证上签名。

（3）物资出库的复核即对出库物资在出库过程中的反复核对，以保证出库物资的数量准确、质量完好、避免差错。其方式有：

① 个人复核：即由发货保管员自己发货自己复核，并对所发物资的数量质量负全部责任。

② 相互复核：又称“交叉复核”，即两名发货保管员对对方所发物资进行照单复核，复核后应在对方出库单上签名以与对方共同承担责任。

③ 专职复核：由仓库设置的专职复核员进行复核。

④ 环环复核：即发货过程的各环节，如查账、付货、检斤、开出门证、出库验放、销账等各环节，对所发货物的反复核对。

（4）验放，这是物资储运过程在仓库的最后一环，物资实体通过验放后，即脱离了储运过程，进入了消费（生产消费）领域。因此，验放是使物资保质、保量、保安全顺利出库，避免仓库差错的最后一关。其主要内容为：

① 核对出门证是否真实、有效；有无涂改、伪造；发货保管员、司磅员、提货人是否签字。

② 出门证上所列载货车型、车号是否与实际相符。

③ 车上所载物资的品名、规格、件数是否与出门所列相符；有无有货无证或有证无货现象。

④ 车上有无捎带、捎拿等异常迹象。

以上内容核查无误后，方可放行，如有异议，则应立即请发货保管员或有关部门前来复查、解决。

3. 货物出库的形式

货物出库的形式具体主要有自提、送货、托运、过户、取样和转仓。

（1）自提：即提货单位持出库凭证（提货单）自行到仓库提货，保管员根据提货单上所列的名称、规格、数量当面点交给提货人员。

（2）送货：仓库受提货单位委托，将其所需物资，按提货单所列内容运送到使用单位，并在使用单位当场点交。

（3）托运：仓库受外埠用户委托，按单将货配齐后通过铁路、水运、航空、邮寄等方式，将货发至用户所在地的车站、码头、邮局提货。此种出库形式的交接，是与铁路、水运等运输部门进行的，仓库按规定程序办理完托运手续并取得运输部门的承运凭证，将应发货物全部点交承运部门后，责任才开始转移。

（4）过户：是一种就地划拨的出库形式，物品虽未出库，但是所有权已从原存货户头转移到新存货户头。仓库必须根据原存货人开出的正式过户凭证，才予以办理过户手续。日常操作时，往往是仓单持有人的转让，这种转让要经过合法手续。仓储部门在处理这种业务时，应根据货主单位的出库凭证和购进单位开具的入库凭证，分别进行转账处理。

（5）取样：是货主出于对物品质量检验、样品陈列等需要，到仓库提取货样而产生部分物品的出库。在办理取样业务时，要根据货主填制的正式样品提货单转开货物出库单，在核实货物的名称、规格、牌号、等级和数量等项后备货，经复核，将货物交提货人，并做好账务登记和仓单记载。

（6）货物转仓：是货物存放地点的变动。某些货物由于业务上的需要，或由于货物不同特性的原因而需要变更储存场所，从一个仓库（或仓位）转移至另一仓库（或仓位）储存时，必须根据有关部门开具的货物移库单来组织货物出库。

4. 拣选作业

1）拣选方式优缺点比较

如表 6.1 所示，为拣选方式优缺点比较。

表 6.1　拣选方式比较

拣选方式	优　点	缺　点	适用场合
按单拣选	作业方法简单 订货前置期短 作业弹性大 作业人员责任明确 作业易组织 拣选后不必再进行分类作业	货名品种多时拣选行走路径加长 分拣效率低 拣货单位必须配合货架货位号码	适合多品种、小批量订单的场合
批量分拣	合计后拣货 效率高 盘方较少	所有种类实施困难 增加出货别的分货作业必须完成后才能发货	适合少品种、批量出货、订单重复、订货率较高的场合

2）拣选作业的拣选方法

（1）摘果式拣选法。

摘果式电子标签拣货系统 DPS 是在拣货操作区中的所有货架上，为每一种货物安装一个电子标签，根据订单清单数据，发出出货指示，并使安装在货架上的电子标签亮灯，拣货人员按照电子标签显示的数量及时、准确、轻松地完成以“件”或“箱”为单位的商品拣货作业，如图 6.1 所示。

步骤：① 作业人员发出周转箱；② 周转箱到达指定分拣区域，通过条码扫描箱子编号，系统自动为该箱配备货品；③ 字幕显示器显示店铺号或编号；④ 作业人员根据点亮的电子标签所显示的数字进行拣货作业，完成后按下电子标签按钮；⑤ 完成该区域拣货作用后按下完成电子标签按钮。

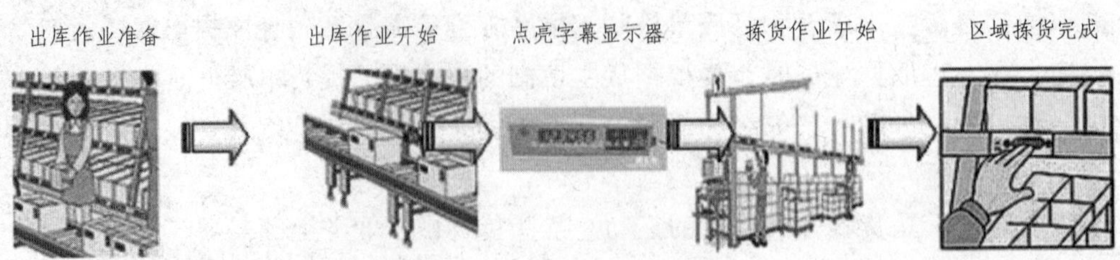

图 6.1　摘果式拣选示意图

（2）播种式拣选法（见图 6.2）。

播种式电子标签拣货系统 DAS 中的每一电子标签所代表的是一个订货厂商或是一个配送对象，即一个电子标签代表一张订货单。工作人员汇集多家订货单位的多张订货单，按货品进行分类，依照货品为处理单位。拣货人员先取出某一货品的需求总数：需配此项货品的订货单位所对应的电子标签亮起，拣货人员依电子标签上显示的数量进行配货。

步骤：① 根据电脑系统指示将要分拣的商品进行品种和数量汇总拣货作业；② 对每种需要分拣的商品进行 SKU 条码扫描，③ 作业人员按照电子标签的指示将商品投入相应的分货区，④ 完成相应区域分货作业后按下完成电子标签按钮，下个商品的出货指令程序发出。

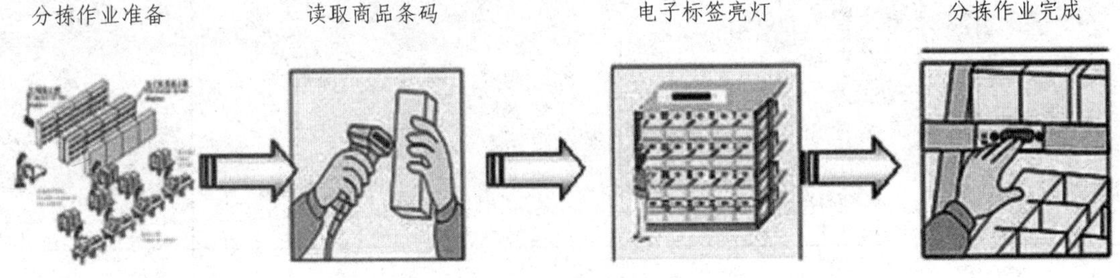

图 6.2　播种式拣选示意图

3）拣选作业的流程（见图 6.3）

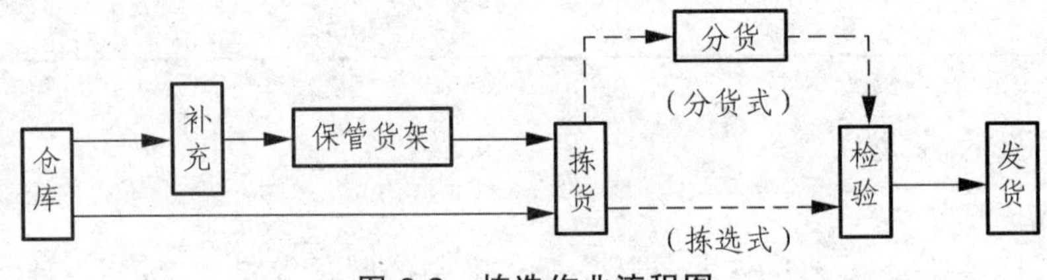

图 6.3　拣选作业流程图

4）拣选作业使用的设备

拣选式高层货架仓库是由拣选式巷道堆垛起重机和高层货架为主组成的仓库。拣选式巷道堆垛起重机没有货叉伸缩机构，而有带司机升降、拣选的司机室和作业平台，适用于多品种小件物品的零星入出库作业，如维修配套件仓库、标准件库、劳保库，如图 6.4 ~ 6.7 所示。

图 6.4　拣选式货架

图 6.5　高层拣选货架

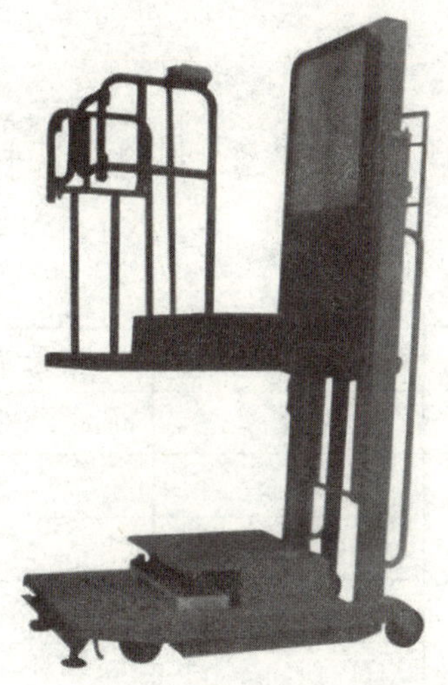
图 6.6　电动液压拣选车

图 6.7　自动拣选系统

5）出库单格式

出　库　单

品名	规格	单位	计划数	实发数	单价	包装押金	小计金额
总计金额（人民币大写）							

提货人名称：　　储存凭证号码：　　出货仓库：　　出库日期：

主管审批：　　审核：　　仓管员：　　提 货 人：

三、实践操作

1. 实验说明

本任务共包括实训项目 3 个，共计 100 分，实操说明如下：

实操课内容	所占课时	实训地点	所占评分	考核形式
实操 1：商品出库准备	2	物流实验室	30	实际操作（30）
实操 2：分拣操作	2	物流实验室	40	实际操作（40）
实操 3：商品出库	2	物流实验室	30	实际操作（30）

2. 实操 1：商品出库准备

某仓储企业接到一份提货单，商品信息如表 6.2 所示，仓库需要马上组织人手进行商品出库准备工作。

表 6.2　商品信息表

序号	品名	规格	数量	包装	货物条码
1	舒肤佳香皂	200 克/块	500 块	50 块/箱	
2	黑人牙膏	120 克/支	600 支	100 支/箱	
3	雕牌洗衣粉	500 克/袋	100 袋	10 袋/箱	
4	立白洗洁精	500 克/瓶	300 瓶	20 瓶/箱	
5	怡金丝肉松饼	100 克/包	500 包	100 包/箱	
6	记录本	200 页	800 本	100 本/箱	
7	娃哈哈饮料	300 毫升/瓶	500 瓶	20 个/箱	
8	统一绿茶	224 毫升/瓶	500 瓶	20 瓶/箱	
9	康师傅方便面	120 克/包	1 000 包	200 包/箱	

（1）操作准备：学生每 6 人为一个小组，每组一名小组长；每组做出一个物资出库的策划方案；现场模拟进行物资出库准备，训练时间安排为 2 学时。

（2）操作目标：严格按照物资出库的要求，准确熟练地做好物资出库前的各项准备工作。

（3）操作流程：

① 选择发货的货位、货区。

② 检查出库商品，拆除货垛。

③ 安排好出库商品的堆放场地以及发货需要的人力设备、包装材料。

④ 准备好商品包装材料等。

（4）技能训练注意事项：

① 遵守实验室规章制度，未经许可，不得移动和拆卸仪器与设备。

② 注意人身安全和教具完好。

③ 严禁未经许可，擅自扳动教具、设备的电器开关和启动开关。

④ 严格做好每个环节的工作；物资出库准备策划书要详细。

3. 实操 2：分拣操作

该仓储企业需要分拣表 6.2 所列的商品，请通过软件分组完成摘果式分拣和播种式分拣任务。

（1）操作准备：学生每 6 人为一个小组，每组一名小组长；现场模拟进行物资分拣，训练时间安排为 2 学时。

（2）操作目标：熟练掌握摘果式分拣和播种式分拣。

（3）操作流程：按照教材内容中摘果式分拣和播种式分拣步骤示意图进行。

（4）技能训练注意事项：

① 遵守实验室规章制度，未经许可，不得移动和拆卸仪器与设备。

② 熟悉操作步骤，严格按照操作步骤进行。

③ 工作细致认真，做好每个环节的工作。

4. 实操 3：商品出库

该仓储企业对该批出库商品准备完毕后，即组织人员对表 6.2 进行商品出库作业。

（1）操作准备：学生每 6 人为一个小组，每组一名小组长；以组为单位制订物资出库的工作过程；现场模拟进行物资出库，训练时间安排为 2 学时。

（2）操作目标：熟练掌握商品出库作业的一般程序，并能够正确处理商品出库过程中的相关问题。

（3）操作流程：

① 核对相关的出库凭证。

② 按照出库凭证内容进行备货。

③ 出库复核、点交。

④ 物资出库验放。

（4）技能训练注意事项：

① 遵守实验室规章制度，未经许可，不得移动和拆卸仪器与设备。

② 熟悉操作步骤，严格按照操作步骤进行。

③ 工作细致认真，做好每个环节的工作。

四、工作页

1. 货物出库的基本要求是＿＿＿＿＿＿、＿＿＿＿＿＿、＿＿＿＿＿＿，货物出库基本原则是＿＿＿＿＿＿、＿＿＿＿＿＿。

2. 货物出库的“三不”是未＿＿＿＿＿＿、未＿＿＿＿＿＿、未＿＿＿＿＿＿。

“三核”是核对＿＿＿＿＿＿、核对＿＿＿＿＿＿、核对＿＿＿＿＿＿。

“五检查”即是＿＿＿＿＿＿、＿＿＿＿＿＿、＿＿＿＿＿＿、＿＿＿＿＿＿、＿＿＿＿＿＿。

3. 货物出库的形式主要分为＿＿＿＿＿＿、＿＿＿＿＿＿、＿＿＿＿＿＿、＿＿＿＿＿＿、＿＿＿＿＿＿。

4. 物资出库程序：＿＿＿＿＿＿、＿＿＿＿＿＿、＿＿＿＿＿＿、＿＿＿＿＿＿、＿＿＿＿＿＿、＿＿＿＿＿＿。

5. 拣选作业的意义是什么？传统拣选作业与现代拣选作业有什么异同？现代拣选作业在效率和人工使用上与传统拣选作业相比有哪些优势？

6. 叉车操作规范是什么？

7. 按单拣选和批量拣选的优缺点，以及适用范围是什么？

8. 物资出库的复核的方式有哪些？

9. 盘点前要做哪些准备工作？

10. 绘制货物出库基本流程图。

五、评价与反馈

本实践操作成绩 = 实操 1 得分 + 实操 2 得分 + 实操 3 得分。

1. 实操 1 评分细则

考评人		被考评人	
考评地点			
考评内容	商品出库准备工作		
考评标准	具体内容	分值/分	实际得分
	团队合作和谐	6	
	按照出库要求作业	9	
	按照出库原则出库	6	
	妥善安排好人力和机械设备	6	
	准备好包装材料	3	
合计		30	

附：扣分规则

（1）团队合作。

① 团队之间各自为战扣 3 分。

② 团队纪律差扣 3 分。

（2）按照出库要求作业。

① 未做到出库准确扣 3 分。

② 未做到出库及时扣 3 分。

③ 未做到出库安全扣 3 分。

（3）按照出库原则出库

① 未做到凭证发货扣 3 分。

② 未做到先进先出扣 3 分。

（4）安善安排好人力和机械设备。

① 未安善安排好人力扣 3 分。

② 未安善安排好机械设备扣 3 分。

（5）准备包装材料。

未提前准备好包装材料扣 3 分。

2. 实操 2 评分细则

考评人		被考评人	
考评地点			
考评内容	分拣作业		
考评标准	具体内容	分值/分	实际得分
	团队合作和谐	6	
	摘果式分拣作业操作	12	
	播种式分拣作业操作	12	
合计		30	

附：扣分规则

（1）团队合作。

① 团队之间各自为战扣 3 分。

② 团队纪律差扣 3 分。

（2）摘果式分拣作业操作。

① 出库作业准备时未准确熟练发出周转箱扣 3 分。

② 扫描箱子编号时出现漏扫扣 3 分。

③ 未点亮字幕显示器扣 3 分。

④ 完成拣货作业后未按下电子标签按钮扣 3 分。

（3）播种式分拣作业操作。

① 不能熟练进行品种和数量汇总扣 3 分。

② 未正确对商品进行 SKU 条码扫描扣 3 分。

③ 未点亮电子标签扣 3 分。

④ 完成拣货作业后未按下电子标签按钮扣 3 分。

3. 实操 3 评分细则

考评人		被考评人	
考评地点			
考评内容	商品出库		
考评标准	具体内容	分值/分	实际得分
	认真核对出库凭证	12	
	认真进行物资点交	6	
	认真复核和正确登账	10	
	物资验放	12	
合　计		40	

附：扣分规则

（1）认真核对出库凭证。

① 未认真检查付货仓库的名称是否相符扣 3 分。

② 未认真检查提单式样是否相符扣 3 分。

③ 未认真检查印鉴（货主的调拨章、财务章）是否齐全扣 3 分。

④ 未认真检查凭证有无差错涂改、是否逾期扣 3 分。

（2）物资点交。

① 开具出门凭证时未请提货人在出门凭证上签名扣 3 分。

② 未请提货人在原始磅码单及出门证上签名扣 3 分。

（3）物资复核和登账。

① 出库过程中的未反复核对，出库物资的数量、质量出现差错扣 5 分。

② 出库单填写错误扣 5 分。

（4）物资验放。

① 未认真核对出门证是否真实有效、有无涂改伪造，司磅员、提货人是否签字，扣 3 分。

② 未认真核对出门证所列载货车型、车号是否与实际相符，扣 3 分。

③ 未认真核对车上所载物资是否与出门证所列相符、有无有货无证或有证无货现象扣 3 分。

④ 未认真检查车上有无捎带、捎拿等异常迹象扣 3 分。

学习任务七 仓库安全作业实训

一、学习任务描述

任务名称	货物入库作业	任务编号	7	课时	10
学习目标	1. 掌握仓库安全作业常识; 2. 熟悉各种仓库存在的安全隐患; 3. 掌握灭火常识				
学习内容	1. 仓库常见设备及安全要求; 2. 仓库消防安全; 3. 熟悉消防器材				
考评方式	本任务 100 分，通过实操 1（40%）、实操 2（40%）、实操 3（20%）得出最后总分				
教学组织方式	1. 理论准备; 2. 实践操作; 3. 工作页; 4. 评价与反馈				
备　注	小张所在的物流仓储部门，开展了一次仓库安全作业竞赛，主要要求仓储作业人员的安全意识强，技能操作规范，小张也报名参加了这次竞赛。 面对比赛，小张该学习哪些安全作业知识呢？				

二、理论准备

仓库是企业物资供应体系的一个重要组成部分，是企业各种物资周转储备的环节，同时担负着物资管理的多项业务职能。保管好库存物资，做到数量准确，质量完好，确保安全，收发迅速，面向生产的供应是公司不可缺少的一环；而安全对于仓库来说尤其重要。

仓库安全管理就是要及时发现并消除各种危险隐患，有效防止灾害事故的发生，保护仓库中人、财、物的安全。

1. 仓储安全管理的影响因素

1）作业对象的多样性

除了少数专业仓库从事单一的货物作业外，绝大多数仓库产出货物的种类众多、规格繁多，仓库必须面对多种多样的货物作业。

2）作业场地的多样性

仓库作业时，除了部分配送中心、危险品仓库在确定的收发地点进行装卸外，大部分仓库都是直接在仓库门口或仓内、货场货位进行装卸作业，而搬运作业则延伸至整个仓库的每一个位置。

3）机械作业和人力作业并重

我国现代化仓库的发展主要是普及机械化作业，使仓库作业实现机械化。但仓库作业的多样和多变使得人力作业必不可少，而仓库的机械化作业主要采用通用的机械设备，需要一定的人力协作。

4）突发性和不均衡

仓库作业因货物出入库而定。货物到库后，仓库组织卸车、搬运、堆垛作业；客户提货则进行拆垛、搬运、装车作业。由于货物出入库的不均衡，仓库作业也就具有阶段性和突发性的特点。

5）不规范的货物

随着仓储兴起提供增值服务的热潮，越来越多的货物以未包装、内包装、散件、混件等形式入库，极易发生货物损害。

2. 安全作业管理措施

1）安全操作管理制度化

安全操作管理应成为仓库日常管理的重要项目，通过制度化的管理保证管理的效果，制定科学合理的作业安全制度、操作规范和安全责任制度，并通过严格的监督，确保管理制度得以有效和充分地执行。

2）加强劳动安全保护

劳动安全保护包括直接和间接施行于员工人身的保护措施。仓库要遵守《中华人民共和国劳动法》的劳动时间和休息规定，每日 8 小时、每周不超过 40 小时的工时制，依法安排加班，保证员工有足够的休息时间，包括合适的工间休息。提供合适和足够的劳动防护用品，如高强度工作鞋、安全帽、手套、工作服等，并督促作业人员使用和穿戴。采用具有较高安全系数的作业设备、作业机械，作业工具应适合作业要求，作业场地必须具有合适的通风、照明、防滑、保暖等适合作业的条件。不进行冒险的仓储作业和不安全环境的作业，在大风、雨雪影响作业时暂缓作业。避免人员带伤病作业。

3）作业人员资质管理和业务培训、安全教育

新参加仓库工作和转岗的员工，应进行仓储安全教育，对所从事的作业进行安全作业和操作培训，确保熟练掌握岗位的安全作业技能和规范。从事特种作业的员工必须经过专门培训并取得特种作业资格证，方可进行作业，且仅能从事其资格证书限定的作业项目操作，不能混岗作业。安全作业宣传和教育是仓库的长期性工作，作业安全检查是仓库安全作业管理的日常工作。通过不断的宣传、严格的检查，对违章和无视安全的行为给予严厉的惩罚，强化作业人员的安全责任心。

4）仓储安全监控电子化

计算机技术和电子技术的发展促进了仓储安全管理的科学化和现代化，仓储安全管理必将突破传统的经验管理模式，增加安全管理的科技含量，依靠科技手段，推广应用仓储安全监控技术，提高仓储安全水平。

3. 安全操作基本要求

1）人力操作

（1）人力作业仅限制在轻负荷作业。
（2）尽可能采用人力机械作业。
（3）只在适合作业的安全环境进行作业。
（4）作业人员按要求穿戴相应的安全保护用具，使用合适的作业工具进行作业。
（5）合适安排工间休息。
（6）必须有专人在现场指挥和安全指导，严格按照安全规范进行作业指挥。

2）机械安全作业

（1）使用合适的机械、设备进行作业。
（2）所使用的设备有良好的工况。
（3）设备作业要有专人进行指挥。

（4）汽车装卸时，注意保持安全间距。

（5）移动吊车必须在停放稳定后方可作业。

（6）载货移动设备上不得载人运行。

3）有利于保证安全生产和文明生产

（1）库内各区域间、各建筑物间，应根据“建筑设计防火规范”的有关规定，留有一定的防火间距，并有防火、防盗等安全设施。

（2）总平面布置应符合卫生和环境要求，既满足库房的通风、日照等，又要考虑环境绿化、文明生产，有利于职工的身体健康。

4. 仓储过程中的常见火险隐患

1）电器设备方面

（1）电焊、气焊违章作业，没有消防措施。

（2）电力超负荷。

（3）违章使用电炉、电烙铁、电热器等。

（4）使用不符合规格的保险丝和电线。

（5）电线陈旧，绝缘破裂。

2）储存方面

（1）不执行分区储存，易燃易爆等危险物品存入一般库房。

（2）储存场所温度超过了物品规定的极限。

（3）库区内的等距不符合要求。

（4）易燃液挥发渗漏。

（5）可自燃物品堆码过实，通风、散热、防潮不好。

3）机具方面

（1）无防护罩的汽车、叉车、吊车进入库区或库房。

（2）使用易产生火花的工具。

（3）库内停放、修理汽车。

（4）用汽油擦洗零部件。

（5）叉车内部皮线破露、油管老化漏油。

4）火种管理方面

（1）外来火种和易燃品因检查不严带入库区。

（2）在库区内抽烟。

（3）库区擅自使用明火。

（4）炉火设置不当或管理不当。

（5）易燃物未及时清理。

5. 基本的灭火方法

（1）冷却法：将可燃固体冷却到自燃点以下，火焰就将熄灭；可燃液体冷却到闪点以下，并隔绝外来的热源，就不能挥发出足以维持燃烧的气体，火就会被扑灭。采用雾状水流灭火最好。

（2）窒息法：窒息灭火法，就是阻止空气流入燃烧区，或用不燃物质冲淡空气，使燃烧物质断绝氧气的助燃而熄灭。具体措施：高倍数泡沫充入燃烧区域内，利用建筑物上原有的门、窗等，封闭燃烧区，阻止新鲜空气流入，以降低燃烧区氧气的含量，达到窒息燃烧的目的。

（3）隔绝法：隔离灭火法，就是将燃烧物体与附近的可燃物质隔离或疏散开，使燃烧停止。这种方法适用于扑救各种固体、液体和气体火灾。

具体措施有：将火源附近的可燃、易燃、易爆和助燃物质，从燃烧区内转移到安全地点；关闭阀门，阻止气体、液体流入燃烧区；排除设备容器内的可燃气体或液体；设法阻拦流散的易燃、可燃液体或扩散的可燃气体；拆除与火源相毗连的易燃建筑结构，形成防止火势蔓延的空间地带。

（4）遮断法：即将浸湿的麻袋、旧棉被等遮盖在火场附近的其他易燃物和未燃物上，防止火势的蔓延。

（5）分散法：将集中的货物迅速分散，孤立火源，一般用于露天仓库，库内也可以采用。

6. 灭火器种类

灭火器种类很多，按其移动方式可分为：手提式和推车式；按驱动灭火剂的动力来源可分为：储气瓶式、储压式、化学反应式；按所充装的灭火剂则又可分为：泡沫、干粉、卤代烷、二氧化碳、酸碱、清水等。

（1）干粉灭火器适用于扑救各种易燃、可燃液体和易燃、可燃气体火灾，以及电器设备火灾。使用示意图如图 7.1 ~ 7.3 所示。

1、右手握住压把，左手托着灭火器底部，轻轻地取下灭火器

2、右手提着灭火器到现场

图 7.1　步骤 1 ~ 2

3、除掉铅封

4、拔掉保险销

图 7.2　步骤 3 ~ 4

5、左手握着喷管，右手提着压把

6、在距火焰两米的地方，右手用力压下压把，左手拿着喷管左右摆动，喷射干粉覆盖整个燃烧区

图 7.3　步骤 5 ~ 6

（2）泡沫灭火器：主要适用于扑救各种油类火灾、木材、纤维、橡胶等固体可燃物火灾。使用步骤如图 7.4 ~ 7.6 所示。

1、右手握着压把，左手托着灭火器底部，轻轻地取下灭火器。

2、右手提着灭火器到现场

图 7.4　步骤 1 ~ 2

3、右手捂住喷嘴，左手执筒底边缘

4、把灭火器颠倒过来呈垂直状态，用劲上下晃几下，然后放开喷嘴

图 7.5　步骤 3～4

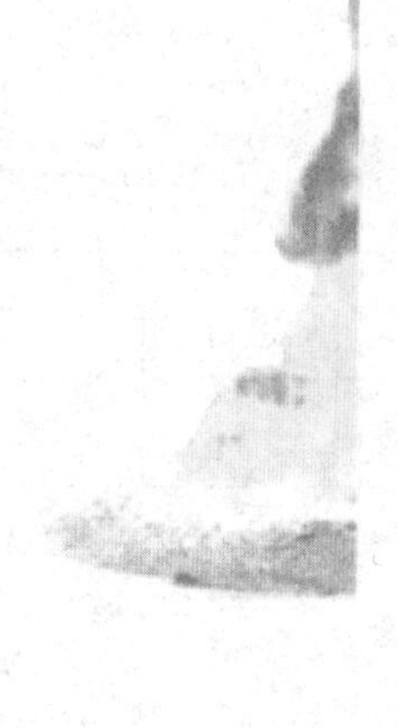

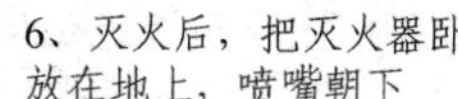

5、右手抓筒耳，左手抓筒底边缘，把喷咀朝向燃烧区，站在离火源八米的地方喷射，并不断前进，兜围着火焰喷射，直至把火扑灭

6、灭火后，把灭火器卧放在地上，喷嘴朝下

图 7.6　步骤 5～6

7. 仓储作业基本要求

（1）贮存要求：必须按性质分库贮存 ，属于化学危险物品管理范围内的商品，必须贮存在专用仓库中；必须限额贮存，商品堆码过高，平时检查困难，发生火灾时难以进行扑救和疏散，也不利于商品的保护。面对库房门的主要通道，宽度一般不应小于 2 米；仓库的门和

通道不堵塞。商品堆放时，垛距、墙距、柱距、梁距均不应小于50厘米，并尽可能在库房照明灯的下方布置走道或留作垛距。

（2）火源管理：库内严禁取暖。商品因防冻必须取暖时，可用暖气。散热器与可燃商品堆垛应保持一定的安全距离。进入易燃 、可燃仓库区的蒸汽机车和内燃机车必须装防火罩，仓库应当有专人进行监护。进入库房的电瓶车、铲车，必须有防止打出火花的防铁罩等安全装置。仓库管理人员不准吸烟。

（3）电气设备：库房内的电线应严格按规范要求安装使用。严禁在库房的屋顶内架设电线。库房内不准使用碘钨灯、日光灯照明，应采用白炽灯照明。电灯应安装在库房走道的上方，并固定在库房。灯具距货堆 、货架不小于50厘米。不准将灯头线任意到处悬挂。灯具应该选用符合安全规定的，外面加玻璃罩金属网保护。

库区电源应当设总闸、分闸。每个库房应单独安装开关箱。开关箱设在房外，并安装防潮、防雷等保护装置。仓库内禁止使用不合格的保护装置。电气的设备不准超过安全负载。电气设备除应经常检查外，每半年应进行一次绝缘测试，发现异常，必须立即修理。

三、实践操作

1. 实验说明

本任务共包括实训项目3个，共计100分，实操说明如下：

实操课内容	所占课时	实训地点	所占评分	考核形式
实操1：仓储安全作业知识问答	2	物流实验室	40	答题（40）
实操2：不同灭火器的现场使用	4	物流实验室	40	实践操作（40）
实操3：参观企业仓库，了解仓库安全作业规范，书写认识报告	2	物流实验室	20	认识报告（20）

2. 实操1：仓储安全作业知识问答

（1）操作准备：根据竞赛需求准备几套仓储安全作业知识方面的题，将学生分成3组，每组设1名组长，老师为主持人，老师组织学生对场地进行简要布置。

（2）操作流程：

① 老师首先对整个竞赛构架进行阐述。

② 宣布本轮竞赛方法、评分标准等内容，发给各位评委本轮题目及标准答案。

第一轮　选择题环节：

① 本轮共设题3套，每套题内有20个题目，每组选择1套题，自由选择8个题号，各

组组员按照顺序依次作答。

② 每道题限时 10 秒。主持人读完题，选手必须在 10 秒内答题有效，超时视为弃权。由第一组开始。

③ 答题者回答不出或回答错误不得由其他成员补充，且本组、其他组选手及观众不得提示、暗示或进行其他作弊行为，如有发现，作弊队员所在组扣掉 20 分。

④ 如遇争议问题，由现场评委评判。

⑤ 评分标准：答对加 5 分，答错不扣分，弃权扣 3 分。

⑥ 主持人公布各组环节得分情况。

第二轮　问答题环节：

① 本轮题型为简述题，共设题 3 套，每套题内有 15 个题目，每组选择 1 套，自由选择 5 个题号，每组 1 人答题为主，同组成员可补充，每组答题限时 20 秒。

② 小组答题时，小组成员可商议，其他组员或观众不得提示或进行其他作弊行为，如有发现，作弊人员所在组扣掉 20 分。

③ 评分标准：答对一题加 12 分，答错不扣分，弃权扣 10 分。

④ 主持人公布得分情况。

第三轮　附加题环节：

① 题型设计为 3 道简答题，主持人依次读题，主持人说开始后各组成员抢答。

② 答题规则：各队得到答题权后，必须在 10 秒内回答完毕，超时视为答错，同一题可抢答两次，第一轮回答错误可再进行一次抢答。

③ 评分标准：答对的队可加 12 分，回答错误的队扣 5 分。

④ 主持人公布各组附加题环节得分情况。

主持人将各组各环节的得分进行统计，得出各组的总分并排序，最终成绩折合 88%。

（3）技能训练注意事项：

① 各组答题均需要在规定的时间内答出，超出时间答出作废。

② 各组答题时均需要在老师读完题说出“开始”后答题，提前作答均视作答错。

③ 如遇争议问题，由现场评委评判。

④ 各组组长要管理组员，保持良好的纪律。

3．实操 2：不同灭火器的现场使用

某公司纸质品仓库及服装仓库起火，需要迅速去取消防器材准备灭火。

（1）操作准备：

学生每 6 人为一个小组，每组一名小组长；泡沫灭火器、干粉灭火器各 6 个；消防水带 1 条、水枪 1 支；铁桶 6 个，打火机 6 个；纸类燃烧物、浸柴油或者汽油的棉纱若干；现场模拟进行灭火；训练时间安排为 2 学时。

（2）操作目标：通过训练让学生能正确选择和使用消防器材。

（3）操作流程：

① 正确选择使用扑灭纸类燃烧物和浸油棉纱的灭火器种类，并操作灭火器进行模拟灭火；

② 使用消防水带进行灭火。

● 打开消防柜，取出消防水带，完全展开消防水带（水带不能有扭结），将消防水枪固定在水带的另一端。

● 在铁桶内放置一些易燃物，并点燃。

● 一人接通消防水栓的开关，一人打开水枪开关，模拟灭火。

（4）技能训练注意事项：

① 训练场地应在室外露天进行。

② 点火时要注意安全，最好由老师进行。

③ 铁桶周围 3 m 内除灭火者外不要站人。

④ 在灭火训练场地必须有指导教师在场。

⑤ 训练完毕，彻底清理现场，不能留下火患。

4. 实操 3：参观仓库

参观一家企业仓库，了解严格的仓库安全作业规范，书写一篇认识报告。

（1）操作准备：学生每 6 人为一个小组，每组一名小组长；教师带队，训练时间安排为 2 学时；联系一家物流企业。

（2）操作目标：通过物流企业仓库参观，认识仓库安全作业规范。

（3）操作流程：

① 教师组织学生到一家物流企业的仓库进行参观体验，明确任务。

② 每组学生为一个单位，记录了解到的该企业仓库关于安全作业管理、安全操作、防范火险隐患等方面的内容。

③参观完成后要求书写一篇认识报告。

（4）实践要求及注意事项。

① 学生外出进行企业参观，必须听从指挥，遵守纪律。

② 注意交通安全，维护学校形象；不能随意操作企业设备。

③ 可以参观的物流企业有蚂蚁物流有限公司、四川物流产业股份有限公司、杜臣物流有限公司等（根据实际情况作出调整）。

四、工作页

（1）从左到右依次填写以下常见标识名称。

（1）__________、__________、__________、__________、

（2）__________、__________、__________、__________、

（3）__________、__________、__________、__________、

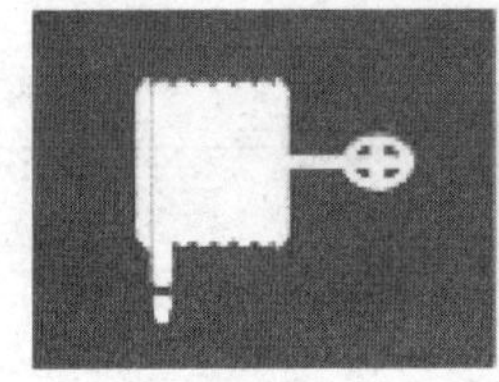

__________、__________、__________、

2. 以下是哪些常见的消防器材？

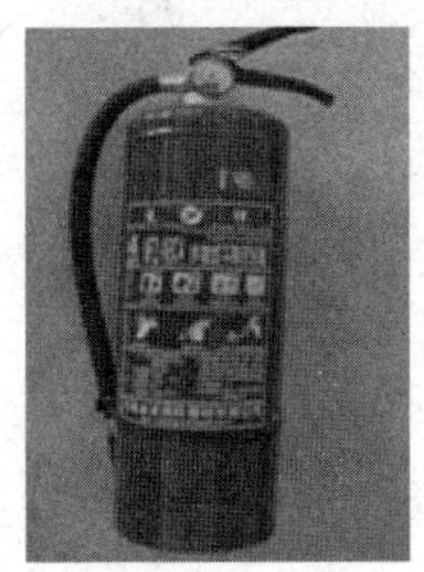

__________、__________、__________、__________、

（3）分组讨论仓库火灾的成因。
（4）仓库管理人员在制订仓库管理规定时，需要考虑的问题有哪些？
（5）“四检查”的内容是什么？
（6）商品入库管理内容有哪些？
（7）商品存储管理内容有哪些？
（8）商品出库管理制度包括哪些内容？
（9）呆废料制度包括哪些内容？
（10）如何应急处置触电事故？

五、评价与反馈

本任务实训成绩=实操 1 得分 + 实操 2 得分 + 实操 3 得分

1. 实操 1 评分细则

<table>
<tr><td>考评人</td><td colspan="2"></td><td>被考评人</td><td></td></tr>
<tr><td>考评地点</td><td colspan="4"></td></tr>
<tr><td>考评内容</td><td colspan="4">仓储安全作业知识问答</td></tr>
<tr><td rowspan="3">考评标准</td><td colspan="2">具体内容</td><td>分值/分</td><td>实际得分</td></tr>
<tr><td colspan="2">问答过程中学生表现</td><td>5</td><td></td></tr>
<tr><td colspan="2">各组成员答题得分</td><td>35</td><td></td></tr>
<tr><td>合　计</td><td colspan="2"></td><td>40</td><td></td></tr>
</table>

附：扣分规则
（1）问答活动过程中不听从老师指导、纪律较差扣 5 分。
（2）选择题弃权一次扣 3 分。
（3）组员作弊扣 20 分。
（4）问答题弃权一次扣 10 分。
（5）附加题答错一次扣 5 分。

2. 实操 2 评分细则

<table>
<tr><td>考评人</td><td></td><td>被考评人</td><td></td></tr>
<tr><td>考评地点</td><td colspan="3"></td></tr>
<tr><td>考评内容</td><td colspan="3">不同灭火器的现场使用</td></tr>
<tr><td rowspan="4">考评标准</td><td>具体内容</td><td>分值/分</td><td>实际得分</td></tr>
<tr><td>正确选择灭火器种类</td><td>15</td><td></td></tr>
<tr><td>正确操作灭火器</td><td>15</td><td></td></tr>
<tr><td>正确使用消防水带、水枪</td><td>10</td><td></td></tr>
<tr><td colspan="2">合　计</td><td>40</td><td></td></tr>
</table>

附：扣分规则

(1) 选择灭火器种类。

① 面对油类燃烧物未使用泡沫灭火器扣 7.5 分。

② 面对纸质类易燃烧物未使用干粉灭火器扣 7.5 分。

(2) 操作灭火器。

① 未按照教材中泡沫灭火器的操作示意图操作扣 7.5 分。

② 未按照教材中干粉灭火器的操作示意图操作扣 7.5 分。

(3) 使用消防水带、水枪。

① 消防水带扭结扣 5 分。

② 消防水枪没有固定扣 5 分。

3. 实操 3 评分细则

<table>
<tr><td>考评人</td><td></td><td>被考评人</td><td></td></tr>
<tr><td>考评地点</td><td colspan="3"></td></tr>
<tr><td>考评内容</td><td colspan="3">参观企业仓库安全作业规范，完成认识报告</td></tr>
<tr><td rowspan="6">考评标准</td><td>具体内容</td><td>分值/分</td><td>实际得分</td></tr>
<tr><td>认识安全作业管理内容</td><td>4</td><td></td></tr>
<tr><td>认识安全操作基本要求</td><td>4</td><td></td></tr>
<tr><td>了解仓储过程中常见的火险隐患</td><td>4</td><td></td></tr>
<tr><td>认识常见的灭火方法</td><td>4</td><td></td></tr>
<tr><td>认识各种灭火器</td><td>4</td><td></td></tr>
<tr><td colspan="2">合　计</td><td>20</td><td></td></tr>
</table>

附：扣分规则

（1）未记录仓库安全作业管理内容扣4分。

（2）未书写仓库安全操作基本要求扣4分。

（3）未书写仓储过程中常见的火险隐患扣4分。

（4）未记录仓库常见的灭火方法扣4分。

（5）未书写各种灭火器的适用对象、操作方法等扣4分。

拓展任务八　汽车整车与零部件的仓储与配送

一、学习任务描述

任务名称	货物入库作业	任务编号	8	课时	8
学习目标	1. 掌握汽车整车与零部件仓储配送的基础常识； 2. 在仓储作业的基础上掌握汽车零部件的仓储配送管理； 3. 熟悉我国汽车物流； 4. 熟悉堆码的各种方法，并能根据各种具体工作情况选用适当的堆码方法				
学习内容	1. 认识汽车整车与零部件； 2. 汽车配件入库程序与仓储管理； 3. 汽车配件的安全合理堆码； 4. 汽车配件的养护； 5. 汽车整车的仓储与配送				
考评方式	本任务 100 分，通过实操 1（40%）、实操 2（30%）、实操 3（30%）得出最后总分				
教学组织方式	1. 理论准备； 2. 实践操作； 3. 工作页； 4. 评价与反馈				
情境问题	小张已经在仓储部门工作近半年时间，这段时间内，他学到了很多的技能知识，在叉车比赛中获得了二等奖。今天，小张被主管派到成都一汽大众进行为期一个星期的学习，那么，这个星期内，小张将有怎么样的收获呢？				

二、理论准备

1. 我国汽车整车物流与零部件物流的发展历史

汽车物流可以细化成两个相关领域，整车物流和零部件物流。国内汽车物流从 20 世纪 80 年代开始逐步形成规模，开始有专业的仓储和运输企业，但主要负责整车物流一块，而且主要是由整车制造企业自身或总经销商负责，忽视了零部件物流的发展，这可能与我国零部件工业发展落后有关。对零部件物流的研究是最近几年才逐渐兴起的，由于汽车产业全球采购浪潮的兴起，人们发现汽车整车及零部件的物流业的落后已制约了汽车产业的发展。

同零部件物流业相比，整车物流在中国发展情况较好，受重视程度较高。我国整车物流业兴起于 20 世纪 80 年代，当时主要是整车厂成为自营物流商，开始有专业的仓储和运输企业，主要负责整车物流。后来逐渐发展到一些大的生产商，如上海大众、中国一汽、二汽都拥有自己一定规模的整车物流储运公司或部门。到 20 世纪 90 年代后期，整车物流业中发展最快的是第三方物流业。随着社会化分工日益专业化，涌现出一大批汽车第三方物流企业。但是，由于整车制造企业在核定汽车零部件价格时已经将运费、包装费、工位器具等费用包含在内，故国内汽车零部件基本上是由零部件供应商自行负责零部件的运输、仓储、包装等工作，整车制造企业或总经销商一般提供一个较大规模的零部件总库作为供应商入厂或售后物流集散地，这就造成了如下弊端：

（1）零部件供应企业各自拥有独立的零部件物流体系，使用自己的运输工具、仓库或向社会租用，难免出现重复建设、投资较大、资源利用率不足的现象。

（2）采用自身能力运输与专业的物流公司相比，物流的成本较高。

（3）产品的仓储、运输质损较高。

2. 我国汽车整车物流与零部件物流的发展现状

目前，国内还没有专业的第三方物流公司承担汽车制造企业的全部入厂或售后物流，只有一部分物流公司开始承接零部件企业的运输或仓储业务，以解决零部件企业自身能力的不足。

我国现行的主体汽车及零部件物流模式是供产销一体化自营物流，即汽车产品原材料、零部件和辅材等的购进物流，汽车产品的制造物流与分销商的分销物流等物流活动全部由汽车制造企业负责完成。整车物流与零部件物流的服务模式没有区别，基本上都采用第二方物流服务模式（即供应商提供物流服务模式）。在现阶段第三方物流服务（即由买卖双方以外的第三方物流服务企业,使用自己的物流服务设施为买卖双方提供现代物流社会化服务的模式）还不完善的情况下，这种模式对整车及零部件物流业都有好处。生产企业能够掌握第一手的客户信息，有利于改善客户服务和对整个物流进行协调和控制。但是，随着物流业的不断扩大，供应全球化和电子商务对汽车产品物流信息化、自动化和柔性化的不断发展，对制造商的物流实力提出了更高的要求。这些变化不仅增加了制造商的资金负担，而且也不能充分发挥经济优势，还会降低汽车产品总体物流效率。这种模式对汽车产业是不利的。

3. 汽车整车及零部件物流过程的管理

1）订货环节的物流管理

我国汽车企业的大部分产品，尤其是整车产品，通常是按合同销售给中间商，即在每一年的年末或下一年的年初，举行订货会，双方签订购销合同。在履约的过程中，企业按经销商的临时订单（通常按月发出需求的车型、品种、数量、交车地点和交车时间等）发车。零部件物流的销售业务也是从顾客订货开始的。企业的销售部门在接到订单后，对需要发送的零部件首先要进行分析。零部件供应企业联系的客户地理位置的分布可能是全国、全球，对产品需求的数量、品种的差异很大，因此不可能像整车处理一样大批量、单一品种地发货。发货环节是物流的起点，发货量的多少直接影响后续库存管理、运输过程的效率，所以对发货数量和时机的把握在零部件物流中显得格外重要。

2）库存环节的物流管理

对整车库存而言，库存管理最大的问题是决策好存货水平和订货时间问题。由于汽车属于大件消费品，不合理的库存会占用企业大量的流动资金。而存货过少，又可能导致脱销，而且会增加订货次数，从而增加订货费用。以上两种情况都可能会造成仓储工作综合费用上升，增加企业的营销成本。仓库存货水平大小决定了每次订货的订货量，因而存货水平决策实质上就是订货量的决策。订货量的确定应综合考虑库存成本（包括占用流动资金的利息支出，物品功能维护费用等）和进货成本（包括进货人员差旅费、手续费、运输计划费、运费等），选择综合成本最小时相应的订货量。

3）运输环节的物流管理

一般来说，整车及其零部件产品的发运可以选择的运输方式主要有铁路运输、水路运输和公路运输。其中，公路运输又包括利用专门运送汽车产品的专用汽车运输和驾驶员将商品汽车开到用户地点两种方式。在上述运输方式中，一般以公路运输手续最简单，运送最快，转运环节最少，最易保证交付时间，但公路运输成本最高；水运虽然成本低廉，但水运速度慢、周期长，且只能用于通航的地区；铁路运输的优缺点介于水运与公路运输之间，但铁路运输常常会增加运送时间，不能保证及时交付。在汽车整车及零部件物流运输中，选择运输工具应优先考虑适合集装箱运输的车辆、船舶、机车。因为长途运输过程中，集装箱运输的质损率最低，并且经过运输工具规格标准化工作后，在调运过程中，无须再考虑运输工具的适载性，便于进行路径优化。其次要考虑运输系统的安全。

4）包装环节的物流管理

对于汽车整车及零部件包装技术讲究实用、环保。为保证物品在运输装卸的过程中不受损害，提高装卸速度，包装就显得十分重要。对于细小的零部件，应用木材特别制作箱子或木架固定件，使之固定；对于 SKD（整车拆分供货）供货模式的汽车，则可用特殊铁制框架完全固定下来。无论大件、小件、贵件、贱件、规则或不规则，都要与之配套、加固，使之在长途运输过程中免受损害。同时，为了环保和降低成本，容器和包装物都要循环使用。

4. 汽车物流的特点

中国是一个巨大的汽车消费市场，中国幅员广大，地理环境复杂，为了降低汽车销售成本，汽车厂商对整车物流服务的需求越来越大，整车物流外包趋势已不可逆转。整车物流与零部件物流有着很大的不同，主要体现出4个方面的特点：

（1）地域覆盖面广。整车物流以整车生产厂为中心，辐射到全国各个角落，运输线路漫长，以公路运输为主。而我国地形错综复杂，许多地区路况较差，容易造成整车受损，维护保养困难，在途监控难度高。

（2）物流风险较大。整车属于单件高价值商品，物流作业过程中不可控性大，易出现货损和事故，因而物流承运商的风险较大。

（3）物流作业专业化。整车在物流过程中几乎没有包装作业，仓储过程也很少，整个过程产品都处于运动状态且与外部环境直接接触，物流作业以专业员工（驾驶员）为主，作业过程单一，专业性很强。

（4）个性化服务要求高。由于人们消费观念的转变，汽车消费市场的需求也日趋多样化，订单变更频繁，为了满足经销商源于消费者的需求变更，例如整车物流过程中的改装，物流服务商必须配合经销商提供各种个性化增值服务。

5. 零部件物流的特点

零部件物流比整车物流复杂，这是由零部件的功能特性所决定的。零部件产品的供应链相对复杂得多。在汽车行业零部件全球采购的背景下，从生产厂家出厂的零部件，从功用上分析，要满足多种用途。有一部分提供给整车制造商，作为生产资料；有一部分则提供给汽车维修部门或零售商，以满足汽车销售以后的维修功用。提供给整车制造商的部分批量往往很大，而提供给零售商和维修部门的批量相对要小得多。针对同一个运送目的地，要同时满足两方面的需要，这就决定了物流配送的复杂性。另外，不论针对的用户是谁，零部件都具有品种繁多、外形差异大的特点，这就决定了物流运输和包装过程的复杂性。

（1）汽车维护和维修的零部件物流的特点。中国汽车售后市场蕴藏着巨大的潜力，2010年我国汽车市场销量达 1 000 万辆。由此可以看出，零部件的维修物流量是庞大的。所以，此项物流的特点是备品备件品种多，运输批量小，需求地域分布广泛，需求量地区分布不均匀、不稳定，时效要求高，备品备件要求个性化、专业化的装卸及运输，紧急状况下需要快速反应和高质量服务。

（2）与整车生产企业配套的零部件物流的特点。目前，我国约有 100 多家整车制造商、数千家零部件制造厂，只有少数汽车制造厂的年产量超过 1 0 万辆，零部件企业的生产规模则更小、更分散。我国每个大型整车企业周围都有由数目庞大的零配件生产、供应企业群所构成的垂直分布的单一配套体系 ，例如一汽和东风集团的零配件配套体系均由上千家零配件企业构成。汽车制造商相对集中，零部件的需求地也就相对集中，物流特征为量大，呈现有规律的流动，便于物流企业准确地把握物流流速、流量与流向，科学、合理地安排物流资源。整车企业的零部件物流需求量与各整车厂的年生产能力成正比，需求模式稳定并可根据企业的生产计划得知各类零部件需求的准确数据，需求频率与整车企业的生产节奏同步，需求水平随国家汽车消费的高速发展而呈现出高水平的零部件需求。

三、实践操作

1. 实验说明

本任务共包括实训项目 3 个，共计 100 分，实操说明如下：

实操课内容	所占课时	实训地点	所占评分	考核形式
实操 1：汽车科课程	4	汽车科实训室	40	理论测试（20）、 实际操作（20）
实操 2：一汽物流实验课程	4	成都国际一汽物流	30	企业兼职教师课程（20） 报告或案例（20）
实操 3：汽车与物流实训室联合仓储配送课程	2	汽车实验室、物流实验室	30	订单处理（10） 装卸搬运（10） 入库上架（10）

2. 实操 1

参加汽车专业的汽车构造和汽车零部件的实训课程 8 节，书写课堂报告，由汽车科教师讲解，教学计划如下：

课程内容	课　时	实训地点	教　师	评分比重
汽车基础、汽车零部件	2	汽车实训室		20
实践考试	2	汽车实训室		20

3. 实操 2

参观一汽物流基地，了解汽车整车和零部件的物流作业，书写一实训报告，参加由一汽国际物流教师所上的课程 2 节：

课程内容	课时	实训地点	教师	评分比重
实训报告	2	一汽国际物流		15
兼职教师课程	2	一汽国际物流	兼职教师	15

4. 实操 3

物流实训基地需要入库以下汽车零部件，请依据分区分类，先进先出的原则对以下零部件进行仓库的入库和在库保管作业。

（1）发动机，发动机总成，油泵、油嘴，张紧轮，气缸体，轴瓦，水泵，燃油喷射，密封垫，凸轮轴，气门，曲轴，连杆总成，活塞，皮带，消声器，化油器，油箱，水箱，风扇，油封，散热器，滤清器。

（2）变速器、变速换挡操纵杆总成，减速器，离合器，气动、电动工具，磁性材料，电子元器件，离合器盘。

零部件名称	规格	数量	库区	备注
凸轮轴	个	10	A 区	
气门	个	5	A 区	
离合器盘	个	4	B 区	
减速器	个	7	C 区	
离合器	个	5	B 区	
电动工具	套	6	B 区	
电子元器件	套	8	A 区	
活塞	个	9	C 区	

四、工作页

（1）汽车的基本结构包括哪些部分？
（2）四冲程汽油发动机由哪几部分构成？
（3）简述 ABS 的工作原理
（4）离合器的作用是什么？
（5）汽车物流指什么？
（6）汽车零部件物流指什么？

五、评价与反馈

本任务实训成绩 = 实操 1 得分 + 实操 2 得分 + 实操 3 得分。

实操 1

考核项目	评分标准	分数	学生自评	小组互评	教师评价	小计
汽车基础	课堂状况	10				
汽车零部件	课堂状况	10				
实践考试	是否合格	10				
考勤	是否能严格遵守	10				
总　分		40				
教师签字：			年　月　日		得　分	

实操 2

考核项目	评分标准	分数	学生自评	小组互评	教师评价	小计
实训报告	处理无误	10				
兼职教师课程	是否合理	10				
考勤	是否能严格遵守	10				
总　分		30				
教师签字：			年　月　日		得　分	

实操 3

考核项目	评分标准	分数	学生自评	小组互评	教师评价	小计
订单处理	处理无误	8				
装卸搬运	是否合理	8				
入库上架	是否合格	8				
考勤	是否能严格遵守	6				
总　分		30				
教师签字：			年　月　日		得　分	

附件及参考答案

附件一（学习任务一实操 3 参考）

成都市物流产业发展规划

成都市物流园区（中心）布局图

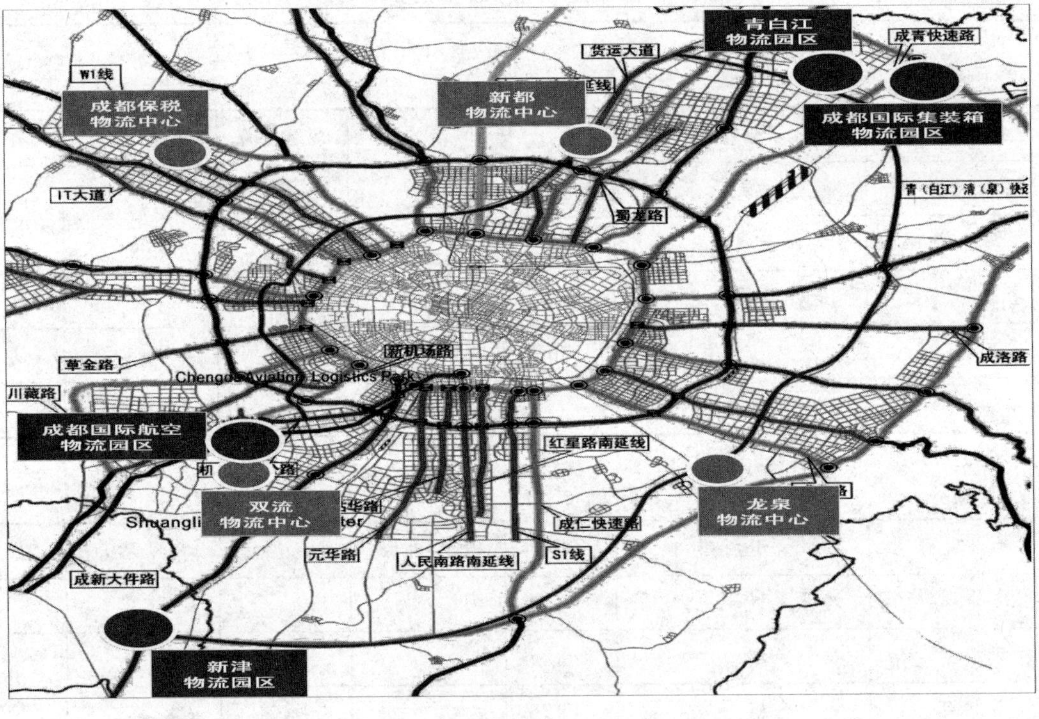

成都市物流产业目标企业表

序号	分　类	目标企业
一、运输业		
（一）航空运输		
1	基地航空	国航、东航、南航、川航、深航、翡翠航空、成都航空
2	国际航线	汉莎航空、英航、法航、荷航、芬兰航空、美联航、美大陆、美国得塔航空、日本航空、全日空、阿联酋航空、卡塔尔航空、加拿大航空、澳大利亚航空、亚洲航空、新加坡航空、泰国航空、马来西亚航空、印度翠鸟航空
3	航空货代	中外运空运、嘉里大通、邮政物流、上海新杰、金诚航空货运、浙江八达物流、德国辛克、英运物流、日通、日本近铁、罗宾逊全球物流
4	航空货物转运中心	翡翠航空、德航汉莎货运、大韩航空、卢森堡货运航空、香港国泰航空
（二）铁路运输		
1	铁路货运五定班列	中铁集运、中铁行包、中铁特货、中铁快运、中国物流、远成物流、深圳盐田国际、深圳招商、上海洋山港、天津港
2	船公司	中外运、中远、中海运、马士基、东方海外、商船三井、新加坡东方海皇、美国邮船、法国达飞轮船、长荣海运
3	铁路货代	中铁行包、中铁快运、中铁特货、中铁现代、中铁联合物流、中铁物资、远成物流、日本山九株式会社、德国飞格国际通运、德国铁路
（三）公路运输		
1	货运场站	浙江传化物流、山东盖家沟物流
2	城际公路货运班车	民生物流、金桥物流、每时物流、四川外运、上海佳吉快运、宝供物流、南方物流、长久物流、富临物流、法国 FM、成都运输总公司、成都长途运输公司
二、仓储业		
（一）	物流地产	宝湾物流、上海宇培、新兴物流、中储公司、四川锦鑫物流、香港佳德、普洛斯、安博（AMB）、盖世理、新加坡丰树基金、腾飞基金
（二）	仓储设备	中集集团（CIMC）、浙江诺力机械、太原刚玉、厦门林德、西门子德马泰克、日本大福株式会社、美国瑞泰
三、配送业		
（一）	制造业配送	长久物流、民生物流、住友物流、日本通运物流公司、日本山九物流
（二）	商业配送	招商物流、浙江百世物流、宝供物流、金桥物流、中储粮、百胜物流、国美电器、苏宁电器、红旗连锁、互惠连锁、新加坡叶水福物流
四、快递业		
（一）	国际快递	美国联邦快递、美国联合包裹、德国敦豪、荷兰天地、日本邮政、日本千趣会
（二）	国内快递	四川邮政速递、中外运－欧西爱斯快递、中铁快运、民航快递、上海申通快递、深圳顺丰快递、上海圆通快递、上海中通速递、上海韵达快运、全一物流、宅急送

2009—2012年成都市物流产业重点项目推进表

序号	项目名称	项目业主	建设内容	投资总额（万元）	开工时间	竣工时间
一、航空物流项目						
（一）加快建设项目						
1	新地空港仓储中心	成都新地兴华物流投资有限公司	建设标准化仓储设施6.5万平方米。	20 000	2008.8	2010
2	新杰物流中心	上海新杰货运服务有限公司	建设航空货物仓储、配送、分拨中心1.6万平方米。	9 000	2009.8	2010
3	圆通速递西南分拨中心	四川圆通物流有限公司	建设快件和包裹分拨、中转、配送中心0.5万平方米。	2 500	2009.2	2010
4	西南邮政速递物流集散中心	四川省邮政公司	建设成都快件监管中心1.5万平方米、国际邮件及特快处理中心2.5万平方米、物流集散及配送中心2.5万平方米。	32 800	2009.11	2011
5	中外运空港物流中心	中外运空运发展股份有限公司	建设西南地区航空货物分拨中心3万平方米。	11 000	2009.12	2011
（二）促进开工项目						
1	新加坡富园物流中心	富园物流投资有限公司	建设农副产品航空转运中心（冷冻冷藏库5.8万平方米、标准化仓库2.4万平方米）。	43 000	2010	2011
（三）促进签约项目						
1	航空货代中心（口岸作业中心二期）	成都空港物流投资有限公司	建设航空货代及航空公司集中办公、经营场所。			

续表

序号	项目名称	项目业主	建设内容	投资总额（万元）	开工时间	竣工时间
2	AMB 空港仓储中心	美国 AMB 公司	建设标准化仓储设施 3 万平方米。			
3	亚欧航空货物转运中心	翡翠航空等	建设亚洲与欧洲之间的航空货物中转、卡车航班集运设施。			
4	国际快件作业中心	FedEx、UPS、DHL、TNT	引进 FedEx、UPS、DHL、TNT 在航空物流园区建立快件作业中心。			
5	国内快件作业中心	申通、中通、顺丰、宅急送、全一快递等	引进申通、中通、顺丰、宅急送、全一快递等快递企业在航空物流园区建立快件作业中心。			
二、铁路物流项目						
（一）加快建设项目						
1	成都粮油储备（物流）中心	成都市粮油储备公司	占地 550 亩，建设成都最大的粮食储备及配送中心，形成粮食库容 22 万吨、食用油罐容 3.8 万吨，粮食年加工能力 5 万吨、年周转能力 100 万吨。	40 000	2009	2010
（二）促进开工项目						
1	铁路集装箱口岸作业中心	成都现代物流投资有限公司	建设铁路口岸联检办公楼、海关查验货场、海关卡口、整体围网、二级监管库等设施。	55 000	2009	2010
2	银犁冷藏物流中心	成都银犁冷藏物流股份有限公司	建设西南地区最大的冷藏物流中心（铁路专用线、冷库 12 万平方米、气调库 1 万平方米、配送中心 1 万平方米、流通加工中心 1 万平方米、普通仓库 4 万平方米）。	90 000	2010	2012

续表

序号	项目名称	项目业主	建设内容	投资总额（万元）	开工时间	竣工时间
3	华亚大宗商品物流中心	福建华亚集团	建设钢材、机电、建材等大宗商品铁路专用线、仓储、加工、分拨中心。	80 000	2010	2012
4	中储粮成都粮油物流中心	成都中储粮收储经销公司、中储粮成都直属库	建设辐射川南的粮油物流中心，形成食用油罐容9万吨、粮食仓容25万吨。	24 000	2010	2011
（三）促进签约项目						
1	四川远成物流公司成都物流中心	四川远成物流公司	建设铁路集装箱堆场及仓储分拨中心。			
2	“中字头”物流公司铁路货物分拨中心	中铁特货、中铁快运、中铁现代物流公司等。	在三个铁路物流园区建设西南地区物流分拨配送中心。			
三、公路物流项目						
（一）加快建设项目						
1	新都传化公路物流港	成都传化物流基地有限公司	占地约1 150亩，建设货运停车场、中转仓库、货运信息交易中心及配套设施。	126 000	2007	2010
2	宝湾龙泉仓储中心	成都龙泉宝湾国际物流有限公司	占地380亩，建设标准化仓库12万平方米。	48 600	2009	2010
（二）促进开工项目						
1	龙泉公水联运口岸作业中心	龙泉物流中心管委会	占地约50亩，建设公路及公水联运口岸联检办公楼、海关查验货场、二级监管库等设施。	10 000	2010	2010
2	中储成都物流中心	中国物资储运总公司	建设仓储配送中心5万平方米。	15 000	2010	2010
3	民生成都物流中心	民生实业集团有限公司	占地约200亩，建设集装箱公水联运集散中心（集装箱堆场及中转场3万平方米、标准化仓储设施3万平方米）。	16 000	2010	2011

续表

序号	项目名称	项目业主	建设内容	投资总额（万元）	开工时间	竣工时间
4	长久西南商品车中转基地	吉林省长久实业集团有限公司	占地约200亩，建设整车仓储、零部件配送、汽车整车整备基地，其中零部件仓库5万平方米。	20 000	2010	2011
（三）促进签约项目						
1	盖世理仓储中心	盖世理成都第一控股有限公司	占地约100亩，建设标准化仓储设施3.8万平方米。			
2	沃尔玛西南配送中心	远东物流有限公司	占地约200亩，建设4.3万平方米大型单体库。			
3	一汽成都物流中心	一汽大众公司	建设成都一汽整车及零配件仓储配送中心。			
四、专业性物流项目						
（一）加快建设项目						
1	西南成都物流中心	成都中新西南物流有限公司	占地447亩，建设定制型物流配送中心18.6万平方米、通用型物流配送中心18.8万平方米、超市物流配送中心19万平方米。	190 000	2008	2012
2	成都西联钢铁物流中心	成都西联钢铁有限公司	建设辐射西南地区的螺纹钢及有色金属物流中心（标准化仓储设施4万平方米，加工配送中心2.4万平方米）。	58 000	2007	2010
（二）促进开工项目						
1	西部危化品物流集散中心	成都城乡商贸物流发展投资（集团）有限公司	占地约2 000亩，建设液体危化品储罐、固体危化品仓库及加工中心、成品油和液化气仓储中心。	160 000	2010	2012
2	普洛斯成华商业配送中心	普洛斯成都分公司	占地480亩，修建标准化仓储设施16万平方米。	60 000	2010	2011

2009—2012年成都市现代物流业发展工作任务分解表

序号	工作内容	牵头单位	责任单位	协办单位
一、重大货运中转联运设施建设工作				
（一）	推进铁路“一线四站”项目建设，推进成都（国家）经济技术开发区铁路专用线规划建设。	市交委	成都铁路局	市发改委，龙泉驿区、青白江区、双流县、新津县政府
（二）	推进成都机场空港货运站和货机专用机坪项目建设。	市口岸办	省机场集团公司	市发改委，双流县政府
（三）	推进公路货运主枢纽场站（新都物流中心、青白江铁路散货物流园区、双流物流中心、新津物流园区、龙泉物流中心公路货运集散区）项目建设。	市物流办	相关物流园区（中心）管委会	市交委，龙泉驿区、青白江区、新都区、双流县、新津县政府
（四）	加快货运中转联运设施对外连接道路（货运大道和大件路外绕线）建设。	市交委	市交委	相关区（市）县政府
二、构建完善的物流快速通道网络				
（一）	培育做大成都至深圳、上海、天津港口的铁路货运五定班列，开通成都至北部湾港口的铁路货运五定班列，开通成都至阿拉山口的铁路货运五定班列。	市物流办	承运企业	成都铁路局
（二）	开通成都至美国（洛杉矶、旧金山）、成都至欧洲（巴黎、法兰克福），成都至日本（东京、大阪）、成都至中东（迪拜、多哈）国际直飞客货运航线。	市物流办	航空公司	市旅游局、市外办，省机场集团
（三）	开行成都至重庆港、泸州港的公路货运班车，逐步开行成都与周边城市的公路货运班车。	市物流办	承运企业	市交委，市交投集团
三、加快四园区四中心建设				
（一）	推进成都国际集装箱物流园区和青白江（散货）物流园区建设，打造西部最大铁路物流枢纽。	青白江区政府	成都国际集装箱物流园区管委会	市物流办、市投促委
（二）	推进成都航空物流园区和双流物流中心建设，打造西部最大的航空物流枢纽。	双流县政府	成都航空物流园区管委会	市物流办、市投促委
（三）	推进新津物流园区建设，打造成都南部铁路物流集散中心。	新津县政府	新津物流园区管委会	市物流办、市投促委
（四）	推进新都物流中心建设，打造西部最大公路物流港。	新都区政府	新都物流中心管委会	市物流办、市投促委

续表

序号	工作内容	牵头单位	责任单位	协办单位
（五）	推进龙泉物流中心建设，打造公水联运口岸和西部最大的汽车物流中心。	龙泉驿区政府	龙泉物流中心管委会	市物流办、市投促委
（六）	推进成都保税物流中心二期工程建设。	成都高新区管委会	成都保税物流中心有限责任公司	市物流办
四、实施城市物流集中配送				
（一）	制定城市集中配送车辆、城市运渣车、垃圾清运车技术标准。	市物流办	市质监局	市交管局、市建委、市城管局
（二）	鼓励和培育自有配送车辆100台以上的城市配送物流企业。	市物流办	市物流办	市交委、市交管局、市城管局
（三）	制定商业流通企业、专业市场经营者提高物流配送服务相关规定，鼓励商业流通企业与城市物流配送公司合作，实现商品供应和商品销售统一集中配送。	市商务局	市商务局	市物流办、市交管局
（四）	限制非城市集中配送车辆在中心城区的通行。	市交管局	市交管局	市物流办
（五）	加快武侯西南物流中心等城市商业配送中心建设。	武侯区政府	中新西南物流公司	市物流办、市商务局、市交委
五、推动重点领域物流服务站建设				
（一）	推进青白江、新都、新津三个粮油物流项目建设。	市粮食局	中储粮成都分公司等	市物流办、市商务局，青白江区、新都区、新津县政府
（二）	推进龙泉聚合、彭州濛阳、双流白家等三个农产品物流项目建设。	市农委	成都城乡商贸物流发展投资（集团）有限公司等	市物流办、市商务局，龙泉驿区、彭州市、双流县政府
（三）	推进西联、量力、金府三个钢材物流项目建设。	金牛区政府	西联钢铁物流有限公司等	市物流办、市商务局、金牛区政府
（四）	推进龙泉洪安危化品物流项目建设。	市商务局	成都城乡商贸物流发展投资（集团）有限公司	市物流办、市公安局、市交委、市安监局、龙泉驿区政府

续表

序号	工作内容	牵头单位	责任单位	协办单位
（五）	推动汽车整车和零配件物流发展。	龙泉驿区政府	龙泉物流中心管委会	市物流办、市经委
（六）	大力发展邮政物流、快递物流、农村物流配送。	市物流办	四川邮政物流公司等	市交委、市农委、市商务局
（七）	鼓励企业加快发展产品与包装物回收物流和废弃物物流。	市物流办	市城管局	市商务局、市经委
六、加快国际物流和保税物流发展				
（一）	申报、建设成都综合保税区。	市物流办	成都高新区管委会，双流县政府	成都海关、四川出入境检验检疫局
（二）	建立成都大通关系统。	市物流办	市口岸办	成都海关、四川出入境检验检疫局、市信息办、市交投集团
（三）	在成都集装箱物流园区、成都航空物流园区、成都保税物流中心和龙泉物流中心建立“一站式”公共口岸服务和保税监管场所。	市物流办	龙泉驿区、青白江区、双流县政府、成都高新区管委会	成都海关、四川出入境检验检疫局
七、推进道路货物运输业结构调整				
（一）	鼓励和促使现有货运站场整合外迁至规划的公路货运集散区建设货站，规范货运站场经营行为。	市物流办	相关区（市）县政府	市政府相关部门
（二）	优化道路运力结构，鼓励干线运输采用大型厢式货车和集装箱专用卡车，发展冷藏车、罐车等专用货运车辆和自带装卸设备的特种货运车辆，中心城区发展标准化城市配送车辆。	市交委	市交委	市物流办、市交管局
（三）	培育3~5家拥有50台以上大型车辆的城际货物运输企业，培育5家自有标准化车辆100台以上的城市配送企业。	市物流办	市物流办	市交委
八、推进公共物流信息平台建设		市物流办	市物流办	成都铁路局、市交委、市公安局、市信息办、省机场集团等
九、大力培育和引进第三方物流企业		市物流办	各物流园区（中心）管委会	市投促委

附件二（学习任务一实操 4 参考）

1. 仓库主管岗位职责及应具备的素质

职责：

① 负责仓库整体工作的筹划和控制，与其他部门进行沟通和协调。

② 配合协调安全员，具体负责库房的消防安全工作，以及库容库貌的监督巡查工作，发现问题及时提出整改方案，同时监督实施。

③ 负责仓储员工的安全教育工作，提高员工的业务知识、业务能力和仓储安全意识。

④ 负责提供各类库存报表、对库存物资进行不定期的检查，确保库存物资准确率 100%。

⑤ 负责对仓库库存物资进行定期分析，提供存货情况分析报告，给物资采办和用户提供决策依据。

⑥ 负责仓库库存物资的报损及报废工作，参与库存物资安全库存量的制订工作。

⑦ 完成上级交办的其他工作。

素质要求：

① 专业知识及资格：掌握有关物资采购、物流管理、费用管理等方面的知识。

② 技能要求：具有一定的英语基础知识和组织协调能力；掌握电脑的一般操作技能；会使用 MAXIMO 和 Notes 系统工具等。

③ 其他要求：身体健康、爱岗敬业，具有强烈的事业心和责任感、安全意识强、原则性强等。

2. 仓库文员的岗位职责及应具备的素质

岗位职责主要有：

① 根据各仓的上报原始单据及时输入计算机。

② 根据计算机单定期或不定期对仓库账目和实物进行抽查，并向仓库主管反映结果。

③ 统计订购单的进出存状况，打印计算机汇总表。

④ 向会计部门提供成本核算数据。

⑤ 对仓库进出仓物料活动情况的终端跟踪。

⑥ 监督仓库备料和出货情况。

⑦ 掌握物料到厂的时间。

⑧ 跟踪成品卸货情况。

基本素质要求：

① 遵守公司管理制度及部门规定。

② 爱岗敬业，学习积极性高。

③ 能适应环境，能吃苦耐劳，品行端正。

④ 保守公司机密，任何时候不私自备份、盗用公司资料。

⑤ 具有团队精神，服从领导安排。

3. 仓库管理员岗位职责及应具备的素质

岗位职责：

① 负责商品的验收和退货管理。即对商品的条形码、名称、数量、生产日期、保质期、质量进行核查。

② 主要负责收料，发料，库存管理，确保仓库区域划分明确，账、卡、物三者一致，能熟练完成仓库的定期盘点，5 S 整理及材料储存环境的管理。

③ 负责账物核查，库存盘点，确保账物统一、库位准确、盘点正确。

④ 按公司要求，负责相关单据的存档。

⑤ 积极参与公司管理体系内改善及持续改进工作。

基本素质：

① 仓管人员应具备良好的思想道德素质和相关的仓库管理知识，熟悉收发货流程和货物保管保养知识，品行端正，文明礼貌，严格要求自己，做好本职工作。

② 遵纪守法，遵守公司各项规章制度，顾全大局，服从管理，听从指挥，自觉爱护公司财物，维护公司良好形象。

③ 团结同事，工作中互相配合，细致耐心，协调好各方面关系，使收货及发货工作有条不紊地进行，对待客户一视同仁。

④ 严格执行出入库手续，严格遵循收发货流程。严格执行仓库管理、安全制度，遵守工作纪律，工作时不擅离职守。

⑤ 做好客户的服务工作，配合客户收发货，为客户分忧；合理堆码货物，最大限度利用仓库。

⑥ 努力做好本职工作的同时，勤于思考，就如何改善工作流程，改进工作方法等提出好的建议，提高工作效率。

4. 搬运人员的岗位职责及应具备的素质

岗位职责：

① 做好与上一道工序的衔接和配合，保证物资入库和出库的移动和搬运，不发生各种不合理的停顿。

② 按照搬运业务规定进行，搬运物资时做到轻拿轻放，不野蛮搬运和装卸。

③ 根据各种物资的不同特性，合理选择和使用搬运作业设备和工具，做好日常维护和保养工作。

④ 根据特殊物资对搬运作业的要求，搞好搬运作业设计，合理安排搬运人员和设备。

⑤ 加强搬运作业的安全生产管理，不发生各种安全事故。

⑥ 按时完成上级主管交办的其他任务。

基本素质要求：

① 身体健康，心态良好，精力充沛，有责任心。

② 仪容、仪表干净整洁，佩戴上岗证上岗。

③ 经过叉车上岗培训，持有相关驾驶证。

④ 听从管理人员安排，努力做好本职工作的同时，勤于思考。

附件三（任务二实操1参考）

案例 1 一个姓胡的管理员以前管仓库的时候，如果发现积压物品超过了两三个月，或者快到有效期的时候，在报表上就用红的颜色显示出来。领导一看怎么全是红的？一次看到红的，两次看到红的，三次看到红的，领导就会召集有关人员，把物品处理掉。为什么用红色显示？红色是仓库人员对相关方的提醒，这就叫合作。

提示：仓储人员有一个义务，就是要及时提醒。尽管库存积压不是仓储人员的责任，但是要提醒，因为货物在仓库人员的眼皮底下，做生产、做销售、做财务、做采购的人，看到的只是数据，看不到实物，没有很强的概念，所以这个数据是否准确，是否及时，是否完整是非常重要的。

案例 2 1993 年 8 月 5 日 13 时 10 分，深圳市××危险品储运公司清水河危险品四号仓库的管理员发现，存放在仓库东北角的过硫酸铵冒烟起火。他打开消防栓却发现没有水，使用灭火器则无法将火扑灭，打 119 报警电话又无法接通，于是只得截了一辆车去公安局报警。就在公安局消防队出动时，13 时 26 分，储存着 1 000 多吨硫化碱、硝酸铵和 1 000 多箱火柴的 4 号仓库发生爆炸!一个小时以后，另一个库房，存放着上千吨硫黄、硫化碱和甲苯、二甲苯等物品，发生更为猛烈的爆炸。爆炸腾起的蘑菇状烟雾高达数百米，附近的建筑物纷纷飞上天，又裂成无数碎片铺天盖地掉落下来。粗大的钢筋被扭成麻花状……火场四周更是危机四伏：近在咫尺的铁路支线上停着 17 节煤车、18 节液化气罐车；离爆炸现场不远处的一个仓库里存有 250 吨双氧水，和危险品仓库相毗邻的还有：配有 8 个大罐 41 个卧罐的液化气站和加油站、汽车库、化工基地等，只要其中有一个被引燃，环环相连引起的爆炸可毁掉半个深圳！3 000 名消防战士、数千名解放军战士在浴血奋战!邻近城市和地区的消防队伍纷纷赶来增援。经上万人的奋力扑救，到 6 日清晨，火被扑灭，整整烧了十七个小时。

爆炸起火不久，正在深圳出差的解放军总参防化研究所的高级工程师欧阳茂上校，冒着生命危险深入火灾腹地，搞清了受灾的物品溢出气体的成分以及火源重点。根据他提供的资料，抢险指挥部作出了相应的灭火部署，使救火大军有组织地进入火区，轮番扑救，有效地将一个个火场扑灭，现场再也没有出现重大伤亡。

这场大爆炸，造成 15 人死亡，200 余人受伤，其中受重伤的 33 人。爆炸造成该公司第 2～7 号共六个仓库被彻底摧毁，第 1、8 号两个仓库遭严重破坏，爆炸引燃了距爆炸中心 250 米的木材堆场和 300 米处的六座四层楼高的普通货物仓库，以及附近 400 余米处的三个山头上的树木。经估算直接经济损失达 2.5 亿元，间接的损失则更是难以估计。

提示：事后调查，从货物入库的有关资料获悉：在四号仓库储存的危险货物中，有过硫酸铵、硫化钠、硝酸铵等大量的易燃、易爆物品。该公司从领导层开始到操作工，没有一个人接受过危险货物储运专业培训。事故调查开始时，对于四号仓库东北角首先冒烟起火的事实，询问经办人员堆放的货物名称时，得到的回答是：“过硫酸钠”。后来查阅了有关单证才搞清楚，不是过硫酸钠，而是过硫酸铵。对于危险货物存放中的安全隔离规定，经办人员竟然一无所知。他们仅仅是根据进库货物的数量和体积所需的仓位，随意决定堆放地点，因此，性能互相抵触的危险货物混堆是习以为常的。

案例3 1988年12月9日23时，天津市化工轻工业公司××仓库发生特大火灾。烧毁精奈、纯碱等化工原料、引进设备及库房三座，造成直接经济损失1 347万元。

1988年12月9日18时至19时50分，天津市北辰区双街乡小街村装卸队在市化工轻工业公司××仓库内，为该库往火车皮内装纯碱。装车任务完成后，装卸工陈某某站在库区老罩棚西侧的第一个精萘（易燃化工原料）垛的东北角下吸烟，而后在给火车皮盖苫布过程中，陈又站在该原料垛垛顶上吸烟，并遗留下火种。当晚23时许，陈遗留在垛顶的火种在苫布上长时间阴燃后，燃到苫布簇拥处时热量积聚，随之出现明火，迅速将精萘引燃，导致特大火灾事故。烧毁库房三栋（建筑面积6 000余平方米）及精萘、纯碱、橡胶、树脂等化工轻工原料，以及天津市渤海啤酒厂代存在该库的引进啤酒灌装生产线，给国家造成直接经济损失1 347万元。

提示：事后调查，装卸工陈某某违章在库区内吸烟，是造成这起事故的直接原因，陈某某应对此负有直接责任。该矿领导对职工、民工忽视安全教育，是导致发生重大火灾事故的重要原因，侯某某、魏某某、刘某某、王某负有重要责任。

陈某某明知仓库区域内禁止吸烟的规定，却随意在禁烟区内吸烟，违反危险物品管理规定，酿成特大火灾事故，其行为触犯《刑法》第115条之规定，构成违反危险物品管理规定重大事故罪。侯某某身为仓库主任兼安委会主任，对安全防火工作不重视，在贯彻仓库安全防火细则工作中，仅在会上布置未进一步检查落实，以致有些职工不清楚防火细则，在工作中未尽安全防火职责，尤其在民工管理工作上漏洞较大，对装卸队民工在库区内吸烟的问题，始终没有采取有效措施加以制止，以致造成民工吸烟而酿成特大火灾事故。其行为触犯《刑法》第187条的规定，构成玩忽职守罪。魏某某身为仓库业务股副股长，对安全防火工作不重视，特别是在贯彻该仓库制订的安全防火岗位制细则工作中，违背领导关于将该细则传达到全体职工的要求，未向股内全体人员传达，使职工对防火安全细则不清楚，致使有的值班人员忽视安全防火工作。其行为触犯《刑法》187条的规定，构成玩忽职守罪。刘某某、王某身为仓库巡逻、门卫值班人员，在值班时违反规定，擅离职守，不履行职责，在当晚20时至23时三个多小时时间内，未进行巡逻检查，以致未能发现火情隐患。其行为触犯《刑法》187条的规定，构成玩忽职守罪。

案例4 1984年6月3日17时55分，四川省眉山县广济乡一座刚落成不久的砖木结构的油菜籽仓库突然全部崩塌，将当时正在交油菜籽入库的村民41人压埋在里面。经奋力抢救后仍造成当场死亡12人，重伤12人，直接经济损失近6万元。

经查，1984年2月，眉山县广济乡企管会决定由企管会副主任陈某某负责建造一座199.2平方米、砖木结构的油菜籽仓库。陈某某在无设计图纸并不指定施工负责人的情况下，将建库工程交给既无营业执照、又无技术力量和施工设备的农村泥瓦工陈某某承包。在双方签订的施工合同中仅写明墙体厚度、高度、基础挖至硬度，包工包料费10 000元，对质量要求没

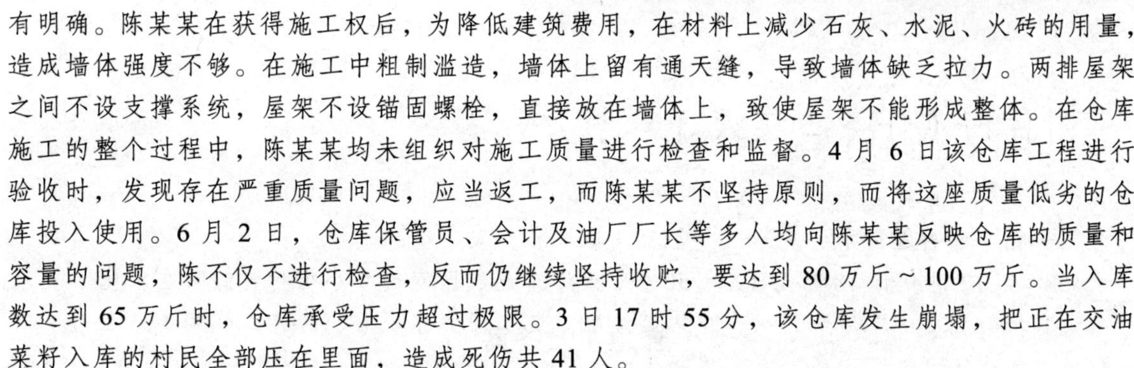
有明确。陈某某在获得施工权后，为降低建筑费用，在材料上减少石灰、水泥、火砖的用量，造成墙体强度不够。在施工中粗制滥造，墙体上留有通天缝，导致墙体缺乏拉力。两排屋架之间不设支撑系统，屋架不设锚固螺栓，直接放在墙体上，致使屋架不能形成整体。在仓库施工的整个过程中，陈某某均未组织对施工质量进行检查和监督。4 月 6 日该仓库工程进行验收时，发现存在严重质量问题，应当返工，而陈某某不坚持原则，而将这座质量低劣的仓库投入使用。6 月 2 日，仓库保管员、会计及油厂厂长等多人均向陈某某反映仓库的质量和容量的问题，陈不仅不进行检查，反而仍继续坚持收贮，要达到 80 万斤～100 万斤。当入库数达到 65 万斤时，仓库承受压力超过极限。3 日 17 时 55 分，该仓库发生崩塌，把正在交油菜籽入库的村民全部压在里面，造成死伤共 41 人。

提示：经调查，这起仓库倒塌事故是由于仓库设计、施工、管理、使用都存在严重问题等多方面的原因造成的。主要原因是仓库设计不符合要求；施工质量低劣，偷工减料，粗制滥造；使用中盲目装贮。陈某某身为管理人员，在履行管理职责的过程中，无图建库，对施工质量不把关，验收时发现问题不坚持原则，使用中主观臆断，不听他人意见，盲目超装，是导致死伤 41 人及严重经济损失的主要原因，亦应负主要责任。无证施工的陈某某在施工过程中，违反国家建筑法规的施工操作规定，无图施工，偷工减料，施工质量低劣，是引起仓库倒塌的重要原因，亦应负重要责任。陈某某在管理活动中对工作严重不负责任，造成严重后果，其行为触犯《刑法》187 条的规定，已构成玩忽职守罪，陈某某在施工中违反有关规定，造成严重后果，其行为触犯《刑法》114 条的规定，构成重大责任事故罪。

附件四（任务二实操3参考）

第一轮　必答题环节

套题1及答案

1. 商品储运的基本生产过程不包括（C）
   A. 接收验收　　B. 保管保养
   C. 工具维修　　D. 商品发送
2. 二十一世纪，被称为企业第三利润源泉的是指（ C ）
   A. 人力资源　　B. 资源领域
   C. 物流领域　　D. 技术领域
3. 下列哪一项不是仓储人员的定期工作?（B）
   A. 各类仓库月报表
   B. 库存产品标识和防护情况检查
   C. 定期检查库位及仓库的安全与卫生
   D. 库存盘点
4. 仓储业正在向社会化、功能化过渡。
5. 仓库作业流程，主要由物资入库、保管 、发放三个阶段所组成。
6. 仓库管理员应具备的基本素质（说出两点即可）：工作认真，责任心强、具有丰富的商品知识、熟悉现代仓储技术、熟悉仓储设备、办事能力强、具有一定的财务管理能力。
7. （×）14. 商品发放的原则是“易坏先出”。
8. （√）18. 仓库储存的商品种类越少，则仓库的专业化程度就越高。

套题2及答案

1. 凡是生产、储存、运输、使用易燃、易爆物品的厂房、仓库的电器设备等，必须符合防火防爆要求。
2. 仓储企业的职业岗位：仓储部经理、管员、物验收员、卸员、仓管员、理货员主管、理货员、库存控制专员、维修部、清洁部、分拣员等。（答出两点即可）
3. 运输和储存是物流活动的主体，是发挥商品物资的时间效用和空间效用的重要手段。
4. 商品出库要求的“五检查”是（B ）
   A. 品名、规格、包装、数量、质量
   B. 单据和实物、规格、包装、件数、重量

C. 实物、规格、型号、数量、质量

D. 品名、规格、型号、外观、质量

5. 在商品储存的诸多因素中，其中最为重要的是（A）

A. 温度湿度　　B. 空气

C. 日光　　D. 尘土

6. 下列哪一项是仓储从业人员的日常工作？（A）

A. 根据采购凭证、凭检验单收料

B. 定期检查库位及仓库的安全与卫生

C. 库存盘点

D. 仓储管理人员的权限和责任

7.（×）库内温度的变化，一般是库内变化落后于库外，夜间库内温度比库外低，白天库外温度比库内高。

8.（√）签收是商品到库接收的关键程序。

套题 3 及答案

1. 仓储信息化管理包括：对账目处理、结算处理，提供实时的查询；进行货位管理、制作个中单证和报告表，进行存量控制，甚至于进行自动控制等。（答出两点即可）

2. 仓储是物流的节点，是企业存货管理的核心环节。

3. 随着经济的发展，物流已由少品种大批量进入多品种小批量或多批次小批量的时代。

4. 仓储包括储存、（ C ）和控制过程

A. 生产加工　　B. 运输

C. 保管　　D. 销售

5. 不是“五距”的一项是（D）

A. 墙距　　B. 柱距

C. 顶距　　D. 门距

6. 不是商品储存的辅助生产过程的一项是（D）

A. 库房维修　　B. 调和维修

C. 工具维修　　D. 盘点检查

7.（√）搞好商品物资养护，是保证库存商品质量的重要环节。

8.（√）储运基本生产过程可概括为“收、管、发”。

套题 4 及答案

1. 仓储管理包括仓储的管理体制、治理结构、管理组织、管理方法和管理目标几个方面。

2.（√）商品物资接收的主要依据是运单。

3. 以下不是仓储管理人员的权限的是：（D）

A. 对不符合规定的物品有权拒绝入库

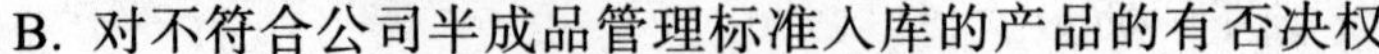

B. 对不符合公司半成品管理标准入库的产品的有否决权

C. 对公司的库管部门的制度有监督权

D. 对进入公司仓库的半成品的质量负责

4. 商品储运具体表现在（A）

A. 时间、数量、质量、地点　　B. 时间、数量、质量、产量

C. 时间、数量、质量、效率　　D. 时间、数量、质量、效益

5. 实现仓储业现代化的关键在于科学技术，而发展科学技术的关键又在于人。

6. 不属于仓库专业性安全检查的一项是（B）

A. 易燃易爆物资　　B. 物资的盘点检查

C. 起重机构设备　　D. 用电及电器设施

7. 5S 指整理、整顿、清扫、清洁、教养。教养是 5S 活动成功的关键所在。

8. （√）对于 C 类物资要采用一般管理。

第二轮　集体必答题环节套题

套题 1 及答案

仓储从业人员应具备的技能（答出 4 项即可）：

（1）对货物供应单位（公司）进行考察和选择。

（2）做好半成品入库前的准备工作。

（3）执行物料进、出的仓库管理规定，做好仓库的安全、定置、防护工作。

（4）做好仓库的日常管理和维护工作，库房的整洁、标识清晰。

（5）为生产部门提供及时、准确、合理的库存数据。

（6）熟悉业务方面的知识，即物料的特性和内部流程。

（7）填报相关发货报表出纳岗位说明书，按时提交工作总结。

（8）完成上级交办的其他任务。

套题 2 及答案

仓储企业的发展趋势：

（1）仓储业正在向社会化、功能化过渡。

（2）仓储机械化、自动化。

（3）仓储信息化、信息网络化。

（4）科学管理。

（5）重视对人才的培训。

套题 3 及答案

仓库管理员应具备的基本素质：

（1）工作认真，责任心强。

（2）具有丰富的商品知识。

（3）熟悉现代仓储技术。

（4）熟悉仓储设备。

（5）办事能力强。

（6）具有一定的财务管理能力。

套题 4 及答案

仓储管理人员的权限或责任（任答 1 项）

权限：

（1）对不符合规定的物品有权拒绝入库。

（2）对不符合公司半成品管理标准入库的产品的有否决权。

（3）对公司的库管部门的制度有监督权。

（4）对进入公司的半成品的品质有审核权。

责任：

（1）对进入公司仓库的半成品的质量负责。

（2）对上报的各类报表的准确性负责。

（3）对提交的半成品质量的正确性负责。

第三轮　抢答题环节

单项选择（15 道）

1. 流通企业的仓储属于（A）。

   A. 企业自营仓储　　B. 营业仓储

   C. 公共仓储　　D. 战略储备仓储

2. 仓储期间根据存货人的要求对保管货物进行一定的加工的仓储是（D）。

   A. 保管式仓储　　B. 冷藏式仓储

   C. 消费式仓储　　D. 加工式仓储

3. 商品仓储活动的重要意义之一就在于（C）。

   A. 降低生产成本　　B. 有效提高商品周转率

   C. 平衡运输的负荷　　D. 满足顾客需求

4. 商品仓储活动的生产要素不包括（B）。

   A. 仓库作业人员　　B. 仓库管理规定

   C. 各种仓库设施　　D. 储存保管的物质

5. 仓储生产管理的核心是（A）。

A. 人员管理　　B. 货品管理

C. 设施管理　　D. 效率管理

6. 仓储最基本的任务是（C）。

A. 必要的流通环节　　B. 支持生产和销售活动

C. 进行物资存储　　D. 投机活动

7. 仓储企业在积极竞争时期进行服务定位的策略为（C）。

A. 高服务低价格且不惜增加仓储成本

B. 提高服务水平维持成本不变

C. 用较低的成本实现较高的仓储服务

D. 维持服务水平大幅降低成本

8. 仓储要实现提高效率、降低损耗、降低成本就必须实现（A）。

A. 信息化　　B. 智能化

C. 系统化　　D. 科学化

9. 我国仓储业的低水平重复和功能接近的现状　只有通过（C）的发展才能得以改变。

A. 管理水平　　B. 高科技

C. 分工和专业化　　D. 社会化

10. 以下不属于仓储标准化的是（B）。

A. 标志标准化　　B. 服务水平标准化

C. 容器标准化　　D. 包装标准化

11. 仓储从业人员的基本素质不包含（D）。

A. 良好的身体素质　　B. 效率意识

C. 原则性强　　D. 创新能力强

12. 现代智能仓库的出现，主要解决了（D）。

A. 仓库的容量小的问题

B. 仓管人员素质的问题

C. 仓库堵塞的问题

D. 物资迅速流通、劳动不足和土地紧张等问题

13. 物料摆放 6 个原则不包括（A）。

A. 重不压轻　　B. 特殊需要

C. 五五摆放　　D. 先进先出

14. 每个库房配备的灭火器不得少于（B）个。

A. 1　　B. 2　　C. 3　　D. 4

15. 商品到库接收程序是（D）。

A. 核对、检查、接收单据、暂存待验

B. 接收单据、暂存待验、核对、检查、签收

C. 签收、核对、检查、接收单据、暂存待验

D. 接收单据、核对、检查、签收、暂存待验

附件五（学习任务一工作页参考答案）

1. 仓储是利用仓库存放、储存未及时使用的物品的行为，是根据市场和客户的要求，为确保物品质量与安全，调节生产、销售和消费活动以及确保社会生产、生活的连续性，而在仓库内对原材料等物品进行储存、保管、管理、保养、维护、供给的一系列作业活动。

2. 仓储企业的作用包括输送、保管、配送、理货等。

必要性：（1）仓储是现代物流的不可缺少的重要环节；（2）仓储能对货物进入下一个环节前的质量起保证作用；（3）仓储是保证社会再生产过程顺利进行的必要条件；（4）仓储是加快商品流通，节约流通费用的重要手段；（5）仓储能够为货物进入市场做好准备。

3. 制造企业、物流企业、零售企业等。

4. 本区域仓储企业种类：（1）自营性仓储企业；（2）营业性仓储企业。

5. ①ABCDE　②AB　③ABE

6. 传统仓储：在仓库系统的内部，企业一般依赖于一个非自动化的、以纸张文件为基础的系统来记录、追踪进出的货物，以人为记忆实施仓库内部的管理。对于整个仓储区而言，人为因素的不确定性，导致劳动效率低下，人力资源严重浪费。同时随着货物数量的增加以及出入库频率的剧增，这种模式会严重影响了正常的运行工作效率。而现有已经建立的计算机管理的仓储系统，随着商品流通的加剧，也难以满足仓储管理实时性的要求。

现代仓储：现代仓储是自动化仓储，多使用叉车、堆高机、自动输送机、分拣机、托盘、周转箱、隔板货架、高位货架、RF、电子标签等设备，向自动化、智能化、信息化等方向发展。

7. 仓储型物流企业应同时符合以下要求：

（1）以从事仓储业务为主，为客户提供货物储存、保管、中转等仓储服务，具备一定规模。

（2）企业能为客户提供配送服务以及商品经销、流通加工等其他服务。

（3）企业自有一定规模的仓储设施、设备，自有或租用必要的货运车辆。

（4）具备网络化信息服务功能，应用信息系统可对货物进行状态查询、监控。

8. 国内外知名的仓储型物流企业：

宝供物流：宝供的战略重心在仓储和物业方面；其运输业务、自有资产正走向轻量化，外包为主。

新杰物流：以手握大量全球500强企业项目资源为业界称道；这家公司从事综合物流、电子商务、零担、物流地产等各类业务，跨度较大。

普菲斯亿达，北美最大冷链物流企业，全球食品温控仓储行业规模最大的公司之一，从事冷链仓储。

威特，已成为美国最大的现代化仓储和物流中心之一。在美国东岸、西岸、纽约、加州拥有十多座现代化物流中心，仓储面积超过300万平方米。

中国物资储运总公司，简称中储，有40多年的历史，专业仓储企业，拥有国内最大的仓储占地。

附件六（学习任务二工作页参考答案）

1. 仓管员的 7 条主要职责：① 建立仓库管理制度和作业规范；② 物品的进出库管理；③ 根据物料流动速度，拟订合理库存标准；④ 物料防护及仓库安全措施；⑤ 定期搞好物料的盘点工作；⑥ 管理库用机具和设备；⑦ 物料的有效期管理。

2. 仓管员应具备的 5 点素质和技能：① 熟悉仓储管理业务，较强的业务知识水平；② 熟悉商品知识，具有正确维护和保养商品的能力；③ 熟悉仓储设备知识，具有正确操作与保养设备的能力；④ 具备计算机操作能力；⑤ 具有仓储统计、账务处理能力。

3. 仓管员的个人基本素质：① 良好的身体素质；② 良好的心理素质，能够承受工作压力；③ 有吃苦耐劳、积极主动的精神；④ 拥有很强的责任感；⑤ 认真仔细；⑥ 勤奋努力；⑦ 安全意识；⑧ 为人诚恳、踏实稳重；⑨ 原则性强；⑩ 效率意识。

4. 仓储业务运作的全过程：

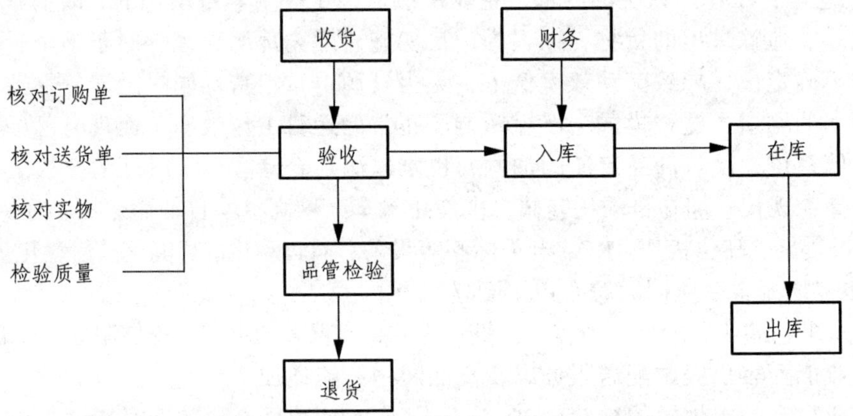

5. 名词解释

盘点，是指定期或临时对库存商品的实际数量进行清查、清点的作业，即为了掌握货物的流动情况（入库、在库、出库的流动状况），对仓库现有物品的实际数量与保管账上记录的数量相核对，以便准确地掌握库存数量。

目视管理，是利用形象直观而又色彩适宜的各种视觉感知信息来组织现场生产活动，达到提高劳动生产率的一种管理手段，也是一种利用视觉来进行管理的科学方法。目视管理是一种行之有效的科学管理手段，它与看板结合，成为丰田生产方式的重要组成部分。

呆料，即物料存量过多，耗用量极少，而库存周转率极低的物料，这种物料可能偶尔耗用少许，甚至根本就不会动用。

6. 仓库防止触电的安全措施

① 贯彻“预防为主、防消结合”的方针，加强安全管理，提高安全意识。

② 库房的配电线路和电器装置必须符合安全要求。

③ 采用绝缘、屏护遮栏，保证安全距离。

④ 正确使用各种安全用具，悬挂警告牌。

⑤ 装设必要的信号装置，做好防雷措施。

7. 判断题

① 库内温度的变化，一般是库内变化落后于库外，夜间库内温度比库外低，白天库外温度比库内高。(×)

② 签收是商品到库接收的关键程序。(√)

③ 商品发放的原则是“易坏先出”。(×)

④ 商品包装是为了保护商品。(×)

⑤ 指示标志主要是指示商品性质、堆放、开户和吊运方法等内容。(√)

⑥ 仓库安全操作技术主要包括机器设备、电器设备及劳动保护等内容。(×)

⑦ 仓库储存的商品种类越少，则仓库的专业化程度就越高。(√)

⑧ 仓容定额是反映仓库储存能力的指标。(×)

⑨ 水泥必须保存在干燥的料库内，严防漏雨渗水、不得露天存放。(×)

附件七（学习任务三工作页参考答案）

1. 填空题

叉车、手推车、手动搬运车、堆高车 、牵引车和平板车、自动导引搬运车 、起重机 、堆垛机 、连续输送机械 、托盘码垛机器人等。

2. 选择题

1～5：DBBCA　6～10：ADBCB

3. 简答题

1. 如何做到搬运合理化？搬运有哪些方式？要注意什么问题？

答：多因素的合理安排，包括设备、人员、作业线路、作业时间等。

搬运方法：（1）人力搬运；（2）叉车搬运；（3）拖车搬运；（4）输送带搬运。

2. 简述托盘的概念及其优点。

答：托盘作为用于集散、堆放、搬运、运输和放置作为单元负荷的货物和制品的水平平台装置。

托盘作为装卸、运输的重要机具，其主要的优点有：货物装入托盘后，搬运或出入库场可用机械操作，从而缩短货运时间，减小劳动强度；以托盘为运输单位，货物件数变少，体积，质量变大，且每个托盘所装货物数量相同，便于点数、理货交接，货物装盘后可采用捆扎、紧包等技术处理又可以减少货损差事故；托盘投资小，容易相互代用。

3. 叉车与其他装卸搬运工具相比，其优点主要体现在哪些方面？

答：叉车与其他装卸搬运工具相比，其优点主要体现在以下方面；

（1）集装卸和搬运于一体，有利于减少物流操作环节，提高装卸效率。

（2）实现装卸机械化，有利于减轻劳动强度，节省劳动力，缩短装卸时间，加速运输车辆的周转。

（3）增加货物堆垛高度，提高仓容利用率。

（4）叉车的转弯半径小，能在较狭窄的通道内转弯，操作灵活，室内外都能使用。

附件八（学习任务四工作页参考答案）

1. 填空题

（1）掌握仓库库场情况；妥善安排货位；做好货位准备；苫垫材料、作业用具的准备；装卸搬运工艺设定；文件单证准备。

（2）车站、码头提货；铁路专用线到货接运；到货主单位提取货物；托运单位送货到库接货。

（3）合理；牢固；定量；整齐；节省；方便。

（4）垛距；墙距；柱距；顶距；灯距。

2. 单项选择题

（1）A （2）C （3）C （4）C （5）D

3. 简答题

（1）垛距：垛距能方便作业存取，起通风、散热的作用，方便消防工作。

墙距：留墙距主要是防止渗水，便于通风散潮。

柱距：留柱距是为防止商品受潮和保护仓库建筑物的安全。

顶距：顶距能通风散热，有利于消防工作，有利于收发、查点。

灯距：灯距是为了防止照明灯发出的热量引起附近商品燃烧而发生火灾。

（2）a、登账必须以正式合法的凭证为依据。

b、登账应连续、完整，不得跳行隔页。

c、须用黑色或蓝色墨水笔记账，用红色墨水笔冲账或改错画线。

d、账数字书写应展、占空格的 2/3 空间。

附件九（学习任务五工作页参考答案）

1. 填空题

（1）预防为主、防治结合。

（2）整库存密封；按垛密封；货架密封；按件密封。

（3）生石灰；氯化钙；硅胶；木炭。

（4）空气的相对湿度；温度；氧气。

（5）粉末法；浸涂纸（布）法；溶液法。

（6）敌敌畏；敌百虫；磷化铝；硫黄。

2. 单项选择题

（1）B　（2）B　（3）A　（4）B

3. 简答题

（1）① 控制和改善储存条件；
② 涂油防锈；
③ 气相防锈；
④ 涂漆防锈；
⑤ 防锈水防锈。

（2）① 严格入库验收；② 控制自然条件；③ 采用化学方法；④ 采用物理方法。

（3）① 把好物资入库关；
② 搞好仓库清洁卫生；
③ 控制库内温湿度；
④ 勤检查；
⑤ 使用驱虫药剂。

（4）① 检查作用，即检查收发及搬运过程中产生的错误。
② 确认作用，确认账、物的一致性和准确性。
③ 订货依据，根据盘点数据，可以检查库存量是否合理，据此作为订货的依据。
④ 督促作用，督促仓库管理人员认真工作并不断改进。

（5）盘点准备工作：
① 确定盘点程序和方法；
② 确定盘点日期；
③ 确定盘点人员；
④ 准备盘点表格和报表；
⑤ 培训盘点人员；
⑥ 清理仓库。

盘点实施工作：

①对应实物填写盘点票，数量一栏应将箱数、包数和件数等内容填上。

②将初盘数量填写于盘点记录表上，将盘点记录表交复盘人员复核。

③复盘有差异者，由复盘人员与初盘人员共同再盘一次，确认后记录于盘点记录表上。

④复盘完毕，从实物处取下盘点票。

附件十（学习任务六工作页参考答案）

1. 货物出库的基本要求是准确、及时、安全，货物出库基本原则是先进先出、凭证发货。

2. 货物出库的“三不” 即未接单据不翻账，未经审单不备库，未经复核不出库；“三核”，即在发货时，要核实凭证、核对账卡、核对实物：“五检查”，即对单据和实物要进行品名检查、规格检查、包装检查、件数检查、重量检查。

3. 货物出库的形式具体主要有自提、送货、托运、过户、取样和转仓。

4. 物资出库程序：审核出库凭证、查账找货位、付货、复核、点交、出库。

5. 答：在配送中心内部所涵盖的作业范围里，拣选作业是其中十分重要的一环，它不但消耗大量的人力物力，而且所涉及的作业技术含量也是最高的。拣货信息来源于客户的订单，拣选作业的目的也就在于正确且迅速地挑选出顾客所订购的商品。拣货作业分为两部分内容，信息处理和选货作业。在传统的货物拣选系统中，一般使用书面文件来记录货物数据，拣货时根据书面的提货通知单，查找记录的货物数据，人工搜索，然后完成货物的提取。在这样的货物拣选系统中，制作书面文件、查找书面文件、人工搬运等浪费了巨大的人力物力，而且严重影响了物流的作业效率。随着竞争的加剧，人们对物流的作业效率要求越来越高，这样的货物拣选系统已经远远不能满足现代化物流管理的需要。建立一个先进的货物拣选系统，结合有效的吞吐量，不但可以节省大量的成本，而且可以大大提高工作效率，显著降低工人的劳动强度，提高客户的满意率。使用高自动化的货物拣选系统，完全改变了使用书面文件完成货物分拣的传统方法，可以快速完成货物提取、补充货物等工作。

6. 答：叉车操作安全规范： 持有操作证者方可操作，穿着注意安全，设计正确的工作流程非常重要，注意定期保养叉车，不要用手扶持货物，注意在转弯盲角处放慢速度，在黑暗处操作时打开操作灯，调节货叉宽度适应托盘的定位，注意高度限制，遵守速度限制规定，在平地上行驶时放低门架，不要在门架和护顶架之间工作，不要在高速下转弯或者急转弯。

7. 答：订单拣选是针对每一份订单，分拣人员按照订单所列商品及数量，将商品从储存区域或分拣区域拣取出来，然后集中在一起的拣货方式。① 优点：即作业方法单纯；订单处理前置时间短；导入容易且弹性大；作业人员责任明确；派工容易、公平；拣货后不必再进行分拣作业。② 缺点：商品品种数多时，拣货行走路线较长，拣取效率降低；拣取区域大时，搬运系统设计困难；少批量、多批次拣取时，会造成拣货路径重复，效率降低。摘果法适用于大批量、少品种订单的处理或是订单大小差异较大，订单数量变化频繁，商品差异较大的情况，如化妆品、家具、电器、百货、高级服饰等。

批量拣选（播种法），即将每批订货单上的同种商品各自累加起来，从储位上取出，集中搬运到理货场，然后将每一客户所需的数量取出，分放到该客户商品暂储待运货位处，直至配货完毕。 ①优点：适合订单数量庞大的系统；可以缩短拣取时的行走搬运距离，增加单位时间的拣取量； 越要求少批量、多批次的配送，批量拣取就越有效。 ②缺点：对订单的到来无法做及时的反应，必须等订单达到一定数量时才做一次处理，因此会有停滞的时间产生。

批量拣选适合订单变化较小、订单数量稳定的配送中心和外形较规则、固定的商品出货，需进行流通加工的商品也适合批量拣选，再批量进行加工，然后分类配送，有利于提高拣货及加工效率。

8. 物资出库的复核方式：① 个人复核：即由发货保管员自己发货自己复核，并对所发物资的数量质量负全部责任；② 相互复核：又称“交叉复核”，即两名发货保管员对对方所发物资进行照单复核，复核后应在对方出库单上签名以与对方共同承担责任；③ 专职复核：由仓库设置的专职复核员进行复核；④ 环环复核：即发货过程的各环节，如查账、付货、检斤、开出门证、出库验放、销账等各环节，对所发货物的反复核对。

9. 盘点前准备工作主要内容：① 确定盘点程序与方法。制订盘点实施细则，盘点前制订明确的实施计划，物资品种复杂、数量多当天不能全部盘点完毕，必须要标示清楚已盘物资和未盘物资，盘点方法采用永续盘存法。② 盘点日期的确定要结合财务部门成本会计的决算。③ 盘点复盘、监盘或抽盘人员的选取，应该有一定的级别顺序；而且要对盘点人员进行培训。④ 盘点用的报表和表格必须事先印妥，并在人员培训时进行演练；⑤ 采用用友 ERP 系统进行实物管理的部门应该注意，将物料编码中“一物多码、一码多物”的情况进行归类整理、合并；⑥ 仓库的清理工作，账目的结清工作。

10. 参考下图

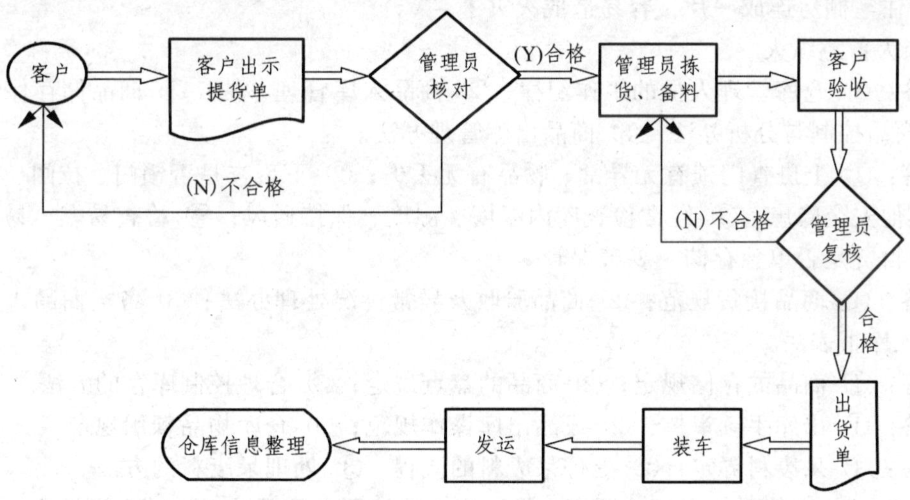

附件十一（学习任务七工作页参考答案）

1. 答：（1）消防梯，火情警报，相关者意外禁止出入，禁止乱动消防器材

（2）禁止堵塞 ，禁止锁闭 ，禁止用水灭火，禁止吸烟

（3）火警电话，紧急出口，地上消火栓，灭火器，消防水带，疏散通道，当心爆炸性物质

2. 答：干粉灭火器，泡沫灭火器 ，二氧化碳灭火器，水型灭火器

3. 答：a. 严重违反防火规章制度，用火不慎引起的火灾最多（库房内吸烟用火、在库房内生火煮饭、汽油库内住人、违章携带小孩入库，小孩在库内玩火）

b. 物资不按性质分类、分堆贮存而乱堆乱放。（化工仓库将赛璐珞与其他危险物品存放一起）

c. 电气设备安装使用不符合规定。（库房违章安装电气设备造成短路引起火灾、库房内吊灯的灯泡接近可燃物资、没有避雷设备，以致雷击起火）

d. 仓库建筑结构差、防火安全间距不够，也是仓库造成重大火灾的一个重要因素。（棚房仓库与住宅棚房连成一片，容易造成火灾）

e. 人为蓄意纵火

4. 答：① 仓库管理人员的工作纪律；② 商品入库管理办法；③ 商品储存保管管理办法；④ 商品控制与分析办法；⑤ 商品出库管理办法。

5. 答：① 上班查门锁有无异常、物品有无丢失；② 下班查是否锁门、拉闸、断电及是否存在其他安全隐患；③ 经常检查库内温度、湿度、保持通风；④ 检查易燃、易爆物品或其他特殊物资是否单独存储、妥善保管。

6. 答：① 商品接货规范；② 商品验收及异常情况处理办法；③ 各类商品入库方法；④ 各类入库报表法。

7. 答：① 商品的存储规定；② 商品的盘点规定；③ 合理控制库存的方法。

8. 答：① 出库手续审核；② 成品出库操作规范；③ 仓库物品领用规定。

9. 答：① 呆废料界定；② 处理呆废料的流程；③ 处理呆废料的方法。

10. 答：① 要使触电者迅速脱离电源。应立即拉下电源开关或拔掉电源插头。若无法及时找到或断开电源时，可用干燥的竹竿、木棒等绝缘物挑开电线。

② 将脱离电源的触电者迅速移至通风干燥处仰卧，松开上衣和裤带。

③ 施行急救，及时拨打电话呼叫救护车，尽快送医院抢救。

附件十二（仓储安全作业知识问答）

（一）选择题套题

第一套

1. 下列（A）物质是点火源？
   A. 电火花　　B. 纸　　C. 空气
2. 大型油罐应设置（A）自动灭火系统。
   A. 泡沫灭火
   B. 二氧化碳灭火
   C. 卤代烷灭火
   D. 喷淋灭火
3. 以下对报警电话描述不正确的是（C）。
   A. 119 报警电话是免费的
   B. 发生火灾时任何人都可以无偿拨打 119
   C. 为了演练，平时可以拨打 119
4. 下列（A）灭火剂是扑救精密仪器火灾的最佳选择。
   A. 二氧化碳
   B. 干粉
   C. 泡沫
5. 公安消防队扑救火灾，（A）向发生火灾的单位、个人收取费用。
   A. 不得　　B. 可以　　C. 按照一定标准
6. 在公共娱乐场所，手提式灭火器的最大保护距离是（A）。
   A. 20 米　　B. 25 米　　C. 30 米　　D. 35 米
7. 对加工爆炸危险物品车间的厂房房顶描述正确的是（A）。
   A. 为泄爆，安装轻质房顶
   B. 为坚固，应采用重型房顶
   C. 以上都不对
8. 用灭火器灭火时，灭火器的喷射口应该对准火焰的（C）。
   A. 上部　　B. 中部　　C. 根部
9. 解决火险隐患要坚持“三定”，请问“三定”是指（A）。
   A. 定专人、定时间、定整改措施
   B. 定时间、定地点、定专人
   C. 定人、定岗、定编制

10. 发生火灾时，不得组织（B）扑救火灾。

A. 女青年　B. 未成年人　C. 军人

11.下面（A）火灾用水扑救会使火势扩大。

A. 油类　B. 森林　C. 家具

12. 身上着火后，下列哪种灭火方法是错误的（C）。

A. 就地打滚　B. 用厚重衣物覆盖压灭火苗　C. 迎风快跑

13. 发现燃气泄漏，要迅速关闭阀门，打开门窗，不能（C）。

A. 触动电器开关或拨打电话

B. 使用明火

C. A 和 B

14. 液体表面的蒸汽与空气形成可燃气体，遇到点火源时，发生一闪即灭的现象称为(C)。

A. 爆炸　B. 蒸发　C. 闪燃

15. 液化石油气的残液应该由（A）负责倾倒。

A. 燃气供应企业　B. 使用者个人　C. 燃气供应企业或个人

16. 依据《仓库防火安全管理规则》，库存物品要分类、分垛储存，垛与垛间距不小于（B）米。

A. 0.5　B. 1.0　C. 1.5

17. （B）必须分间、分库储存。

A. 灭火方法相同的物品

B. 容易相互发生化学反应的物品

C. 以上两种答案都对

18. 单位在营业期间，下列（A）做法是错误的。

A. 遮挡消防安全疏散指示标志

B. 在安全出口处设置疏散标志

C. 当营业场所人数过多时，限制进入人数

19. 依据《仓库防火安全管理规则》，进入库区的所有机动车辆，必须安装（C）。

A. 刮雨器　B. 防护栏板　C. 防火罩

20. 依据《仓库防火安全管理规则》，汽车、拖拉机可以进入下面（B）物品库房。

A. 乙类　B. 丁类　C. 甲类

第二套

1. 在库房内（C）放置电视机，收看电视节目。

A. 可以　B. 经过领导批准后可以　C. 不可以

2. 依据《仓库防火安全管理规则》，库房内的照明灯具的垂直下方与储存物品水平间距不得小于（C）米。

A. 0.3　B. 0.4　C. 0.5

3. 架空线路的下方（B）堆放物品。

A. 可以　B. 不可以　C. 经批准后可以

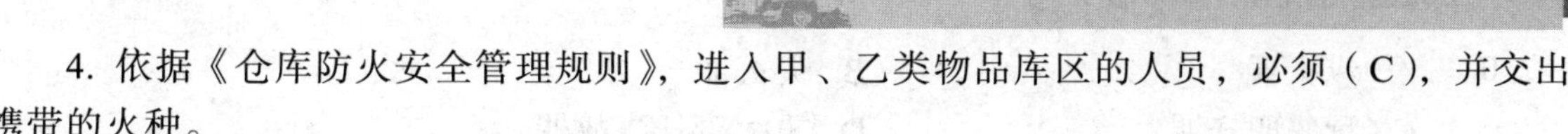

4. 依据《仓库防火安全管理规则》，进入甲、乙类物品库区的人员，必须（C），并交出携带的火种。

A. 检查身体　　B. 戴安全帽　　C. 登记

5. 依据《仓库防火安全管理规则》，库区以及周围（B）米内，不得燃放烟花爆竹。

A. 25　　B. 50　　C. 75

6. 装卸甲、乙类物品时，操作人员不得穿（A）。

A. 易产生静电的工作服

B. 白帆布材料的工作服

C. A 和 B 都不对

7.《消防法》规定，举办大型集会、焰火晚会、灯会等群众性活动，具有火灾危险的，主办单位应当制订（C），落实消防安全措施，并向公安消防机构申报，经公安消防机构对活动现场进行消防安全检查合格后，方可举办。

A. 应急疏散计划

B. 安全保卫计划

C. 灭火和应急疏散预案

8. 发现液化石油气灶上的导气管有裂纹，应（C）。

A. 用燃着的打火机查找漏气地方

B. 用点着的火柴查找漏气地方

C. 把肥皂水涂在裂纹处，起泡处就是漏气的

9. 下列（B）火灾不能用水扑灭。

A.棉布、家具　　B. 金属钾、钠　　C. 木材、纸张

10. 依据《消防法》，公安消防机构的火场总指挥员有权根据扑救火灾的需要，决定（C）。

A. 使用各种水源

B. 划定警戒区，实行局部交通管制

C. A 和 B

11. 电脑着火了，应（B）。

A. 迅速往电脑上泼水灭火

B. 拔掉电源后用湿棉被盖住电脑

C. 马上拨打火警电话，请消防队来灭火

12. 燃烧是一种放热发光的（B）反应。

A. 物理　　B. 化学　　C. 生物

13. 火灾初起阶段是扑救火灾（B）的阶段。

A. 最不利　　B. 最有利　　C. 较不利

14. 采取适当的措施，使燃烧因缺乏或隔绝氧气而熄灭，这种方法称作（A）。

A. 窒息灭火法　　B. 隔离灭火法　　C. 冷却灭火法

15. 凡是在特级动火区域内的动火必须办理（C）。

A. 相关手续　　B. 许可证　　C. 特级动火证　　D. 动火证

16. 由于行为人的过失引起火灾，造成严重后果的行为，构成（B）。

A. 纵火罪　　B. 失火罪
C. 玩忽职守罪　　D. 重大责任事故罪

17. 甲乙丙类液体储罐区和液化石油气储罐区的消火栓，应设在（C）。
A. 储罐区内　　B. 储罐下
C. 防护堤外　　D. 防护堤内

18. 用灭火器进行灭火的最佳位置是（B）
A. 下风位置
B. 上风或侧风位置
C. 离起火点10米以上的位置
D. 离起火点10米以下的位置

19. 检查液化石油气管道或阀门泄漏的正确方法是：（C）
A. 用鼻子嗅　　B. 用火试
C. 用肥皂水涂抹　　D. 用试剂

20. 干粉灭火器多长时间检查一次（A）。
A. 半年　　B. 一年
C. 三个月　　D. 两年

第三套

1. 燃着的烟头，其表面温度达到（B）
A. 100～150°C　　B. 200～300°C　　C. 700～800°C

2. 使用灭火器扑救火灾时要对准火焰（C）喷射。
A. 上部　　B. 中部　　C. 根部

3. 任何单位、（A）都有参加有组织的灭火工作的义务。
A. 成年公民　　B. 个人　　C. 公民　　D. 职工

4. 我国的消防工作由（C）领导，由地方各级人民政府负责。
A. 全国人大　　B. 公安机关
C. 国务院　　D. 公安消防机构

5. 当遇到火灾时，要迅速向（C）逃生。
A. 着火相反的方向　　B. 人员多的方向
C. 安全出口的方向　　D. 着火方向

6. 计算机失火时采取的扑救方法不正确的有：（D）
A. 切断电源　　B. 用1211灭火器扑救
C. 用水扑灭　　D. 用湿棉被毯覆盖扑救

7. 由于行为人的过失引起火灾，造成严重后果的行为，构成（B）。
A. 纵火罪　　B. 失火罪
C. 玩忽职守罪　　D. 重大责任事故罪

8. 采取适当的措施，使燃烧因缺乏或断缺氧气而熄灭，这种方法称为（A）。

A. 窒息灭火法　　B. 隔离灭火法
C. 冷却灭火法　　D. 断氧灭火法

9. 消防工作贯彻（C）的方针，坚持专门机关与群众相结合的原则，实行防火安全责任制。

A. 谁主管，谁负责　　B. 以防为主，以消为辅
C. 预防为主，防消结合　　D. 突出重点，保障安全

10. 发生燃烧的必要条件是（C）。

A. 可燃物，助燃物
B. 可燃物，着火源
C. 可燃物，助燃物，着火源

11. 公共场所发生火灾时，该公共场所的现场工作人员应（C）。

A. 迅速撤离
B. 抢救贵重物品
C. 组织引导在场群众疏散

12. 消防安全重点单位对每名员工应当至少（A）进行一次消防安全培训。

A. 每年　　B. 半年
C. 每季度　　D. 每月

13. 我国的消防宣传活动日是（A）。

A. 11 月 9 日
B. 1 月 19 日
C. 9 月 11 日

14. 判断：违章用电、照明、使用各种炉具及明火者，给予警告处分（违规登记）；经教育不改或造成较轻后果者，给予（警告）严重警告或记过处分；造成严重后果者，除按规定赔偿损失外，给予留察或开除处分。（×）

15. 配电箱内所用的保险丝应该越粗越好。（×）

16. 使用灭火器扑救火灾时要对准火焰根部喷射。（√）

17. 对于违反《消防法》规定的行为，可处以（ABCDE）等行政处罚。

A. 罚款　　B. 没收违法所得
C. 警告　　D. 责令停产停业
E. 行政拘留

18. 灭火的基本方法有：（ABCD）

A. 隔离法　　B. 窒息法
C. 冷却法　　D. 抑制法

19. 停电时以下做法错误的是（D）。

A. 要尽可能用应急照明灯照明
B. 要及时切断处于使用状态的电器电源，即关闭电源开关或拔掉插头
C. 要采用有玻璃罩的油灯
D. 可以用汽油代替煤油或柴油做燃料使用

20. 使用液化石油气时以下错误的是（C）事项。

A. 不准倒灌钢瓶，严禁将钢瓶卧放使用

B. 不准在漏气时使用任何明火和电器，严禁倾倒残液

C. 气瓶可以靠近火源、热源，可以用火、蒸汽、热水对气瓶加温

D. 不准在使用时人离开，小孩、病残人不宜使用，严禁将气瓶放在卧室内使用

E. 不准使用不符合标准的气瓶，严禁私自拆修角阀或减压阀

（二）问答题套题

第一套

1. 消防工作的“四懂四会” 是什么?

答：四懂：懂火灾危险、懂预防措施、懂扑救方法、懂逃生方法。

四会：会报火警、会处理险兆事故、会使用灭火器材、会组织疏散逃生。

2. 简述灭火器的使用方法。

答：拔销、对准火源根部、按压把。

3. 如何使用室内消火栓?

答：先打碎消火栓箱玻璃，接好接口，然后打开水带，再打开截门开关。

4. 如何应急处置触电事故?

答：① 要使触电者迅速脱离电源。应立即拉下电源开关或拔掉电源插头。若无法及时找到或断开电源时，可用干燥的竹竿、木棒等绝缘物挑开电线。

② 将脱离电源的触电者迅速移至通风干燥处仰卧，松开上衣和裤带。

③ 施行急救，及时拨打电话呼叫救护车，尽快送医院抢救。

5. 什么是微生物? 其特点是什么?

答：是存在于自然界的一群形体微小、结构简单，必须借助光学或电子显微镜放大数百倍、数千倍甚至数万倍才能观察到的微小生物。特点：① 分布广泛；② 个体微小，数量众多；③ 新陈代谢旺盛；④ 繁殖快；⑤ 变异性强。

6. 致霉微生物有哪些?

答：霉菌、细菌、酵母菌和放线菌。

7. 常见易霉腐的商品有哪些?

答：① 含纤维素较多商品；② 含淀粉的商品；③ 含蛋白质的非食品商品；④ 含蛋白质较多的食品。

8. 救治霉腐商品的方法有哪些?

答：① 去湿（暴晒、摊晾、烘烤、）；② 灭菌（药剂熏蒸紫外线灭菌加热灭菌）；③ 刷霉。

9. 常用趋避剂及使用范围?

答：① 精奈丸，适用对象：适用于毛、丝、棉、麻等的防虫，慎用于有机玻璃和聚苯乙烯，人造革制品、食品和各种怕串味的商品；② 对位氯化苯，适用对象：适用于毛、棉、丝、麻、皮革、竹木制品等，慎用于各种塑料制品（赛璐珞除外）、橡胶、漆布、漆纸、人造革制

品、各种食品、怕串味的商品；③ 樟脑精，适用、慎用同②。

10. 常用熏蒸剂及其适用范围？

答：① 氯化苦，适用于竹木制品、皮、毛织品和一般纸制品、红枣、干辣椒等，慎用于带有金属物品附件的物品，棉、丝、化纤织品及含水量较大商品；② 溴甲烷，适于竹木制品，棉、毛、丝、麻织品、塑料制品、中药材等，慎用于含脂肪、橡胶、涂料的商品；③ 磷化铝，适于粮食、中药材、竹木制品、毛制品，慎用于含铜件的商品；④ 二氯乙烷，适于谷物、粮食，慎用于含脂肪含蜡商品。

11. 主要杀虫剂及其使用比例？

答：① 敌敌畏，能杀灭多种害虫，配成 0.1% ~ 0.2%的溶液每平方米喷 50 克，不能直接喷洒在塑料、油漆、橡胶及金属制品上；② 敌百虫，适用于对空仓、备品用具及环境卫生消毒，配成 0.05% ~ 0.1%溶液，每平方米喷 50 克。

12. 各种温度计和温度计的构造及特点？

答：① 水银温度计。构造：一根密闭的细长玻璃管中装上水银，下端膨大程球形。特点：灵敏度和准确度都较好，但不能用于测低温，测温范围为 – 30 ~ 600°C。② 酒精温度计。构造：与水银温度计基本相同，只是将其中的水银换成了染成红色或蓝色的酒精特点：灵敏度和准确度都不及水银温度计，但成本低、测温范围适中，为 – 100 ~ 70°C，因而在仓库中适用范围最广。③ 自记温度计。构造：由感应部分和自记部分组成，感应部分是由两种不同金属焊接组成的双金属片，双金属片一端固定，另一端通过杠杆系统连接到由自记钟、自记纸、自记笔组成的自记部分。特点：可附带记录装置，使其能够连续自动记录温度的变化，根据材料不同，测温范围从 – 80 °C ~ 500 °C 等。④ 半导体温度计。构造：由测温头、半导体感应器及显示屏组成。特点：不仅测量空气温度，而且能够测量固体表面的温度，根据使用材料不同，测温范围由 – 200 °C ~ 500 °C 不等。

13. 防止化学危险品危害？

答：① 加强仓库的通风排气，控制仓库的温湿度变化；② 对所储存的危险品进行妥善的保管，定期对其状况进行检查；③ 对各种防护用品进行定期检查，对失效或不合格的用品应立即停止使用并更换；④ 在化学危险品的仓库进行作业时，作业人员必须严格遵守安全操作规范，并佩戴必要的防护工具。

14. 选择金属保管场所时，应考虑的问题是什么？

答：① 根据金属商品的性质确定具体存放方式；② 存放金属商品的库房、货棚及货场应远离产生有害气体和粉尘的厂房建筑；③ 金属商品要与酸、碱、盐等物质分开存放。

15. 易爆炸商品的特性，举例说明三大类化学商品？

答：① 易爆炸商品：火药、雷管、白磷；② 易燃烧商品：汽油、酒精、火柴；③ 易伤害人体商品：砒霜、敌敌畏、夜光粉。

16. 金属防锈方法有哪些？

答：① 控制储存环境（A. 选择保管场所；B. 进行入库检查；C. 合理堆码苫垫；D. 控制湿度）；② 隔离金属商品（涂油防锈、气相防锈、可剥性塑料包装）。

第二套

1. 仓库管理人员的主要职责是什么？

答：做好商品的入库及出库工作，确保商品存储过程的安全，并配合企业的生产和销售情况做好库存控制及仓库规划。

2. 仓库管理工作的任务有哪些？

答：① 充分利用仓库条件，做好商品的储存工作；② 定期对库存商品进行盘点，使仓库的账、物、卡相符；③ 与生产及采购部门紧密配合，将商品库存成本降至最低。

3. 保管知识的应知应会包括哪些？

答：① 商品质量变化形式（A. 物理变化；B. 化学变化；C. 生理变化；D. 某些生物引起的变化）；② 商品质量变化因素（A. 内在因素；B. 外在因素）。

4. 仓库管理人员应具备哪些检验知识？

答：一、了解测量工具知识。1）衡器设备：① 案秤；② 台秤；③ 汽车衡；2）量具设备：(1) 普通量具：① 钢卷尺；② 直尺；③ 皮尺；(2) 精密量具：① 游标卡尺；② 千分尺。二、了解质量检验知识。1）检验内容：① 外观质量检验；② 内在质量检验；2）检验方式：① 免检；② 全检；③ 抽检。

5. 仓库的分类有哪些？

答：① 根据仓库在商品流通中所担负职能分：A. 采购类；B. 批发类；C. 零售；D. 转运；E 加工；F. 物流配送。② 根据仓库在产品生产中所处的领域分：A. 物料；B. 成品；C. 物流中转；D. 临售商；E 国家储备。③ 按隶属关系分：A. 工业企业附属仓库；B. 储运公司所属；C. 物资供销机构所属。④ 按仓储条件分：A. 库房；B. 货棚；C. 货场。⑤ 按仓储货物种类分：A. 综合性仓库；B. 专业性仓库；C. 特种仓库。⑥ 按作业方式分：A. 人力；B. 半机械化；C. 机械化；D. 半自动化；E. 自动化。

6. 商品编号管理的作用是什么？

答：① 确保商品信息传递的准确性；② 提高商品管理的效率；③ 适应电脑系统管理；④ 增加严密性及安全性；⑤ 便于库存报表管理。

7. 商品编号常用方法有哪些？

答：① 层次编；② 平行；③ 混合。

8. 商品编号注意事项有哪些？

答：① 编号要简明；② 编号要唯一；③ 编号要分类；④ 编号要可扩展；⑤ 编号要稳定。

9. 仓库管理人员在制订仓库管理规定时，需要考虑的问题有哪些？

答：① 仓库管理人员的工作纪律；② 商品入库管理办法；③ 商品储存保管管理办法；④ 商品控制与分析办法；⑤ 商品出库管理办法。

10. “四检查”内容是什么？

答：① 上班查门锁有无异常、物品有无丢失；② 下班查是否锁门、拉闸、断电及是否存在其他隐患；③ 经常检查库内温度、湿度、保持通风；④ 检查易燃、易爆物品或其他特殊物资是否单独存储、妥善保管。

11. 商品入库管理的内容是什么？

答：① 商品接货规范；② 商品验收及异常情况处理办法；③ 各类商品入库方法；④ 各类入库报表。

12. 商品存储管理的内容是什么？

答：① 商品的存储规定；② 商品的盘点规定；③ 合理控制库存的方法。

13. 商品出库管理制度包括哪些内容？

答：① 出库手续审核；② 成品出库操作规范；③ 仓库物品领用规定。

14. 呆废料制度包括内容？

答：① 呆废料界定；② 处理呆废料的流程；③ 处理呆废料的方法。

15. 怎样检验商品外观质量？

答：看\听\摸\嗅。

第三套

1. 人力装卸作业要求是什么？

答：① 人力操作仅限在轻负荷商品的作业；② 尽可能采取用人力与机械合作作业；③ 人力操作只适合在安全的作业环境中进行，④ 作业人员要按要求穿戴相应的安全防护具，并使用合适的工具；⑤ 人力装卸时要合理安排休息时间；⑥ 必须有专人在现场严格按照安全规范进行安全指导及作业指挥。

2. 适合抽检的产品有哪些？

答：① 生产过程稳定，生产批量大，品质比较稳定的产品；② 量多、低值且允许有不合格品混入的产品；③ 需检验产品较多，希望节约检验费用与检验时间的情况；④ 不易划分单位的连续产品；⑤ 即使有少数不合格的也不会造成重大损失的产品；⑦ 希望检验对供应商改进品质起促进作用，强调生产风险的产品。

3. 商品质量变化的形式有哪些？

答：① 物理变化（挥发、溶化、串味、沉淀、变形、沾污等）；② 化学变化（金属生锈、分解氧化老化）；③ 生理变化（发芽、胚胎发育）；④ 某些生物引起的变化（霉变、腐败、虫蛀）。

4. 接货方式有哪些？

答：① 铁路专用线接货；② 到车站码头接货；③ 到送货单位提货，送货到库。

5. 自提货的步骤有哪些？

答：自提货的步骤：开始→做好接货准备→前往供货单位→现场验收→办理收货手续→装卸→进行质量复验→办理入库手续→结束。

6. 到车站码头提货步骤有哪些？

答：① 安排接运工具；② 前往承运单位；③ 出示领货凭证；④ 检查商品状况；⑤ 装载并回商品；⑥ 办理内部交接。

7. 铁路专运线提货步骤有哪些？

答：① 接车卸货准备；② 卸车前的检查；③ 卸车作业；④ 卸车前的清理；⑤ 填写到货台账；⑥ 办理内部交接。

8. 验收质量应注意哪些？

答：① 检验商品包装；② 检验外观质量。

9. 适用免检的产品有哪些？

答：① 生产过程稳定，对后续生产无影响的产品；② 长期检验证明品质优良，信誉度很高的产品；③ 国家批准的免检产品或通过产品品质认证的产品。

10. 哪些产品应该全检？

答：① 价值高但检验费不高的产品；② 某项产品的关键品质特性核安全指标；③ 生产批量不大、品质不稳定且无严格措施保证质量的产品；④ 精度要求比较高或对下道工序加工影响比较大的产品；⑤ 手工操作比较重大，品质不稳定的加工工序所生产的产品；⑥ 客户退回的不合格产品。

11. 商品入库管理三个环节是什么？

答：① 接货；② 验收；③ 入库制表。

12. 建立商品档案收集资料包括哪些？

答：① 商品入库时的各种凭证和技术资料，如商品技术证明、合格证装箱单、发货明细表等。② 商品运输过程中的各种单据，如运输单、货运记录等。③ 商品验收入库的入库通知单、验收记录、磅码单、技术检验报告。

13. 对商品档案进行管理时应注意的问题是什么？

答：① 对档案统一编号；② 确定资料保管期；③ 及时更新资料。

14. 废料产生的原因、预防方法是什么？

答：产生原因：① 损坏料；② 边角料；③ 旧料。预防方法：① 加强对库房各种商品的养护工作，防止物料虫蛀、霉腐、锈蚀等现象的发生；② 提高对物料的使用率，减少边角料的产生；③ 建立先进先出的物料收发制度，并及时处理呆滞料，从而避免堆积过久而成为陈腐报废的物料。

15. 装卸搬运工具有哪些？

答：起重机械、输送工具、装卸工具、专用装卸工具。

（三）附加套题

1. 搬运危险商品应注意的问题有哪些？

答：① 搬运前要对商品进行仔细的检查，确定包装是否有破损，商品是否有渗漏。如有渗漏应先处理渗漏，然后再进行搬运作业。② 搬运有毒害品时，必须保持现场空气流通。③ 搬运化学危险品时，搬运人员要轻拿轻放，防止撞击、摩擦、碰摔、震动。④ 放置化学危险品时，搬运人员应该严格按照包装上的标识，对于有不能倒置标志的物品禁止倒放。

2. 储存危险商品注意事项有哪些？

答：① 爆炸品禁止与氧化物、酸类、盐类以及易燃物、金属粉末等共同存放在一个区域；② 压缩气体和液体宜专库专存，并于库中安装避雷装置；③ 严禁将氧化剂、易燃液体、易燃固体、自燃物体、遇水易燃品、酸类、有机物混放；④ 毒害品严禁与食品、食用香精、氧化剂、酸类共存共储。

3. 对于商品老化防护应采取哪些措施？

答：① 保证仓库清洁、干燥，避免商品受到阳光直射，对于货场中堆放的高分子商品进行苫盖处理；② 根据商品的保管条件，合理控制库房温湿度；③ 确保商品包装的完整，避免使商品直接暴露在空气当中；④ 对高分子商品进行分类储存，将其与油类、有腐蚀性、易潮解、有氧化性、含水量大的商品分开保存；⑤ 制订并严格执行库存商品定期检查制度，发现商品有开始老化的现象时，要及时采取措施进行处理；⑥ 贯彻先进先出、易坏先出的原则，尽量缩短高分子商品的储存时间。

4. 苫盖需注意什么？

答：① 做到苫盖严密，商品不外露，苫盖底部与垫垛平齐，不腾空或拖地；② 苫盖要牢固，可以通过绑扎或镇压，做到刮风不开，下雨不漏；③ 苫盖接口要紧密，互相叠盖无缝隙；④ 保证苫盖物有坡度，使雨水能顺利地流下，不要出现平台垛及凹心垛；⑤ 苫盖要注意季节性，夏季使用防水材料，冬季注意防风雪。

5. 进行堆垛时应该注意的问题有哪些？

答：① 货垛面积，每个货垛面积不应大于 150 平方米，并保证库房内应留出 2 米宽的主通道。② 货垛高度，货垛上部与屋顶应留有不少于 0.3 米的顶距，货垛与照明灯之间应留有不少于 0.5 米的灯距。③ 货垛间距；货垛与内、外墙之间应分别留有 0.3 米和 0.5 米的墙距；货垛与柱之间应留有不少于 0.1 米的柱距；货垛与货垛之间应留有不少于 0.1 米的垛距。④ 注意保护商品，操作时注意保护商品，避免因不当搬运造成对商品的损坏。

参考文献

[1] 王之泰. 现代物流学[M]. 北京：中国物资出版社，1995.
[2] 杨欣茹. 仓储作业实务[M]. 北京：北京师范大学出版社，2011.
[3] 秦龙有. 仓储与配送管理[M]. 北京：机械工业出版社，2009.
[4] 曾宏. 仓库管理人员岗位培训手册[M]. 北京：人民邮电出版社，2008.
[5] 汝宜红. 配送管理[M]. 北京：机械工业出版社，2004.
[6] 潘慧明. 经济法[M]. 杭州：浙江大学出版社，2007.
[7] 刘娜. 物流配送[M]. 北京：对外经济贸易大学出版社，2004.
[8] 黄中鼎. 现代物流管理学[M]. 上海：上海财经大学出版社，2004.
[9] 罗松涛. 新编物流运输与实务[M]. 北京：清华大学出版社，2007.
[10] 张志强. 商品养护与保管[M]. 北京：中国商业出版社，1996.
[11] 王斌义. 现代物流实务[M]. 北京：对外经济贸易大学出版社，2003.